DUMONT
DIREKT

Singapur

W0409375

Mischa Loose

Inhalt

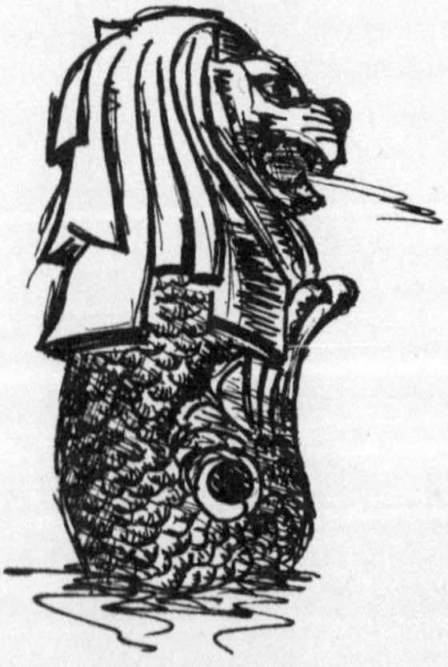

Das Beste zu Beginn

Immer mit der Ruhe
Neuankömmlinge müssen sich nicht sofort ins Getümmel stürzen. Warum nicht erst einmal Stadtluft ›light‹ schnuppern? Zum Beispiel bei einem Spaziergang in einer der vielen grünen Oasen oder entlang der Uferpromenade der Marina Bay.

Hoch hinaus
Ob im Riesenrad oder auf dem Dach eines der berühmtesten Hotels: Der Blick auf die beeindruckende Skyline und die vielen Schiffe in der Straße von Malakka hinterlässt bleibende Eindrücke. Mit S$ 6 sehr preisgünstig ist der Zutritt zur Aussichtsplattform im 50. Stock des The Pinnacle@Duxton (www.pinnacleduxton.com.sg).

Asiatische Modellstadt
Die Stadt ist für Touristen oftmals der erste Berührungspunkt mit den chinesischen, indischen und malaiischen Kulturkreisen. Das Mit-, Neben- und Durcheinander der Sprachen, Hautfarben und Religionen zählt zweifellos zu den faszinierendsten Aspekten der Multikultimetropole.

Witness the fitness
Nach 18 Uhr gehen viele Singapurer joggen oder betätigen sich an den Trimm-Dich-Anlagen ihrer Wohnblocks. Für Freunde des Fahrrads existiert ein Radwegnetz von über 300 km Gesamtlänge, etwa der Eastern Coastal Loop, der ab dem East Coast Park für 10 km entlang der südlichen und östlichen Küste verläuft und mit Fahrradverleihern aufwartet (www.coastlineleisure.com.sg).

Schmöker zur Einstimmung
Ein facetten- und umfangreiches Bild der letzten Jahre des britischen Empires in Singapur zeichnet James Gordon Farrell in **Singapur im Würgegriff** von 1978, das erst 2017 auf Deutsch erschien. Nicht ganz so schwer im Magen liegt Shamini Flints kurzweiliger Krimi **The Singapore School of Villainy** um die Ermittlungen des gemütlichen Inspektors Singh.

Alles auf eine Karte
Effizient und praktisch ist die kleine Plastikkarte EZ-Link (sprich Easy Link), mit der Sie nicht nur im öffentlichen Nahverkehr, sondern auch in Minimärkten und vielen weiteren Geschäften bequem per Kontaktscanner zahlen können. Erhältlich an Bahnhöfen, am Flughafen und im 7-Eleven.

!

Kunst im Parlament
The Arts House im alten Parlament ist *der* Ort für zeitgenössisches Theater, Musik, Kunstausstellungen und Vorführungen von Werken asiatischer Filmemacher (www.theartshouse.sg).

Für Flaneure und Voyeure
Keine Stadt in Südostasien ist so fußgängerfreundlich wie Singapur. Gerade das Zentrum ist ideal, um sich treiben zu lassen und ins Gewimmel der Fußgängerzonen und Einkaufspassagen einzutauchen. Wer sich einmal in ein Straßenrestaurant in der Chinatown oder der weniger hektischen Albert Street setzt und das Kaleidoskop der vorbeiziehenden Gesichter aus aller Welt beobachtet, erahnt schon etwas vom kosmopolitischen Lebensgefühl der Singapurer.

Liebe geht durch den Magen ...
... und wenn es danach geht, möchte man die Singapurer glattweg heiraten. Die irre Vielfalt und Dichte des kulinarischen Angebots ist eine Attraktion für sich. Dabei muss es nicht immer die Haute Cuisine von morgen sein, auch ein Imbiss für kleine Münze kann zum Geschmackserlebnis werden – hier wurden schon Garküchen mit Michelin-Sternen ausgezeichnet! Besuchen Sie also unbedingt ein Food Centre oder einen Food Court.

Mischa Loose liebt Chicken Rice und verbringt seine Freizeit am liebsten im fantastischen Botanischen Garten oder auf einer Biketour entlang der East Coast. Mitarbeiter Moritz Jacobi finden Sie in Singapur am ehesten zwischen Garküchen und Plastiktischen über einer dampfenden Nudelsuppe.

Fragen? Erfahrungen? Ideen?

Wir freuen uns auf Post.

@ *Unser Postfach bei DuMont:*
m.loose@dumontreise.de

Das ist Singapur

Wenn es einen Ort gibt, der die Beschreibung ›moderne, kosmopolitische Metropole‹ verdient, dann wohl Singapur. Die 5,6 Mio. Einwohner zählende Stadt mit dem klingenden Namen ist nicht nur eine der effizientesten und sichersten Großstädte weltweit, sondern auch ausgesprochen lebenswert und ein Ort der Entfaltung für Menschen aus Asien und aller Welt. Der von kühnen Architekten, traditionsbewussten Denkmalschützern und vielen Parks und Gärten geprägte öffentliche Raum wirkt extrem sauber und aufgeräumt – heruntergekommene Ecken müssen Sie schon mit der Lupe suchen.

From Rags to Riches

Das war nicht immer so. Bis in die 1960er-Jahre zählte das ehemals britische Straits Settlement (etwa: britische Niederlassung an der Meeresstraße) zu den Armenhäusern der Region, ohne natürliche Ressourcen und voller armer Einwanderer. Einziger Trumpf: die geografische Lage entlang der kolonialen Handelsroute von den ›Gewürzinseln‹ nach Europa, später am Nadelöhr des globalen Warenstroms durch die Straße von Malakka. So profilierte sich die Insel als Drehscheibe und Handelsplatz. Heute ist sie eines der wichtigsten Finanzzentren und nach Shanghai der wichtigste Hafen der Welt. Dieses Wirtschaftswunder war nur durch sozialen Wohnungsbau, Kampagnen zur Verbesserung der Hygiene, ein Heer billiger Gastarbeiter und eine weitsichtige Stadtplanung möglich. Den 3,4 Mio. Staatsbürgern und den 500 000 dauerhaft ansässigen Ausländern hat es einen der höchsten Lebensstandards unseres Planeten beschert. Auch der Fleiß und Geschäftssinn der überwiegend chinesischen Bevölkerung dürfte daran seinen Anteil haben.

Brot und Spiele

Und doch können Sie an einem beliebigen Abend im Peranakan Place oder Holland Village feststellen: In Singapur wird nicht bloß gearbeitet. Es gibt eine lebendige Unterhaltungs- und Kulturszene und jenseits der Büros, Hörsäle und Labors in himmelstürmenden Wolkenkratzern sorgen immer neue Attraktionen und Unterhaltungspaläste für Abwechslung. Sie haben die Qual der Wahl zwischen aufregenden Vergnügungsparks, informativen Museen und kreativen Ausstellungen, zoologischen und botanischen Einrichtungen von Weltrang, naturnahen Ruheoasen und der vielleicht spannendsten Kunst- und Theaterszene Südostasiens. Wer gern Alkohol trinkt, muss tiefer in die Tasche greifen, denn der wird hoch besteuert. Aber keine Angst – Sie können zwar im Luxus schwelgen und mühelos Ihre gesamte Erbschaft verprassen, aber auch für erstaunlich wenig Geld viel Spaß haben.

A Fine City

Stichwort Geld: T-Shirts mit dem Wortspiel (*fine* bedeutet auch ›Geldbuße‹) sind zwar nicht mehr so häufig zu sehen, doch die Liste der mit Geldstrafen belegten Vergehen ist weiterhin lang: Vergessen Sie in einer

Bunter geht's nicht? – Doch! Schauen Sie in die Gesichter auf den Straßen und in die Kochtöpfe mit den köstlich-farbenfrohen Speisen, die in Singapur zu einer einzigartigen asiatischen Mischung verschmolzen sind.

öffentlichen Toilette die Spülung zu betätigen, kostet das bis zu S$ 150! Ein achtlos weggeschnippter Zigarettenstummel schlägt mit S$ 300 zu Buche, ähnliche Strafen werden für Kaugummikauen, Spucken in der Öffentlichkeit und *jaywalking* (Überqueren der Straße abseits der Fußgängerübergänge) verhängt. Im Ausland schüttelt man über derartige Regulation die Köpfe, doch dank der strikten Gesetzgebung (und der konsequenten Ahndung von Verstößen) ist die dicht bevölkerte Metropole mit Menschen unterschiedlicher Herkunft und Religionen außerordentlich sicher. In den Worten des langjährigen Premierministers Lee Kuan Yew: »If Singapore is a nanny state, then I am proud to have fostered one.«

Cuisine und Kauderwelsch

Die Stadt ist ein Schmelztiegel verschiedenster Kulturen. Besonders deutlich wird dies beim kulinarischen Angebot. Die indischen, chinesischen und malaiischen Kochtraditionen haben sich sogar zu einer Fusionsküche zusammengefunden, der sogenannten Nyonya-Küche. Faszinierend ist auch die Sprachenvielfalt: Die meisten Singapurer beherrschen Englisch und eine der anderen offiziellen Sprachen: Mandarin-Chinesisch, Tamil oder Malaiisch. Typisch ist Singlish, eine Variante des Englischen mit abgehackter Sprechweise, wobei Überflüssiges (z. B. Zeitformen oder gleich das ganze Verb) einfach über Bord geworfen wird. Der schnelle Redefluss wird mit Wörtern aus dem Malaiischen und aus chinesischen Dialekten gespickt. Beispiel gefällig? »Wah! Don't tell me you already jiak cao, or you kena whack!« – »Sag nicht, dass du schon wieder pleite bist, sonst zieh' ich dir die Ohren lang!«

Singapur in Zahlen

2,6

Tage bleibt ein Tourist aus Deutschland im Durchschnitt in Singapur.

3

Premierminister haben das Land seit der Unabhängigkeit 1965 regiert.

3,5

Tonnen wiegt der Stupa über der Reliquie im Buddha Tooth Relic Museum, davon sind 320 Kilogramm pures Gold.

3,50

Singapur-Dollar kostet eine Nudelsuppe am Straßenrand.

30

Minuten dauert eine Umrundung mit dem Riesenrad Singapore Flyer.

31

Grad Celsius beträgt die durchschnittliche Tageshöchsttemperatur. Nachts sinkt die Quecksilbersäule auf etwa 24 Grad.

56

Prozent des Stadtstaats sind von Grünflächen bedeckt – einsamer Rekord unter den großen Metropolen.

58,7

Millionen Passagiere fertigt der Singapore Changi Airport im Jahr ab.

62

kleinere Inseln umfasst das Staatsterritorium zusätzlich zur Hauptinsel. Einige werden durch Zusammenlegung zur Landgewinnung benutzt.

163,6

Meter misst die höchste Erhebung, der Bukit Timah.

2300

Millimeter regnet es das ganze Jahr über auf einem Quadratmeter. In Berlin sind es im Durchschnitt 570 Millimeter.

7797

Einwohner kommen auf einen Quadratkilometer in Singapur, das damit zu den am dichtesten besiedelten Ländern der Erde zählt.

14 000

Singapur-Dollar beträgt der durchschnittliche Quadratmeterpreis für eine Wohnung.

90 724

US-Dollar beträgt das Pro-Kopf-Einkommen nach Kaufkraft, das dritthöchste weltweit und fast doppelt so hoch wie in Deutschland.

295 700

Grenzübertritte werden durchschnittlich pro Tag zwischen Singapur und Malaysia registriert .

55

Jahre ist Singapur erst vom Vereinigten Königreich unabhängig (1963).

Was ist wo?

Das Zentrum ist sehr gut beschildert, schon beim Verlassen der MRT (U- und S-Bahn) werden die wichtigsten Ziele und Wege für Fußgänger ausgewiesen. In manchen Vierteln erleichtert eine grob gitternetzartige Straßenführung die Orientierung, mitunter hilft die relative Position im Verhältnis zu markanten Hochhäusern bei der Verortung.

Am Singapore River

Am 4 km langen Singapore River liegen die Ursprünge der Stadt. Heute ist der Fluss allerdings von untergeordneter Bedeutung. Die Hochhäuser des **Financial Districts** (🗺 E 9) nehmen einen schmalen Streifen südlich der Flussmündung ein und überragen die winzig wirkenden Kolonialbauten am Ufer, wenngleich letztere für Touristen oftmals viel interessanter sind. Die herausgeputzten Amüsierzentren am **Boat Quay, Clarke Quay** und **Robertson Quay** (🗺 B–E 8) erstrecken sich von den Wolkenkratzern des Financial District bis zur Saiboo Street.

Das koloniale Singapur

Zwischen Bras Basah Road und dem Singapore River liegt das **koloniale Viertel** (🗺 D/E 7/8) mit einigen schön restaurierten Säulenbauten. Die große Rasenfläche des **Padang,** früher Sportfeld, Treffpunkt und gesellschaftliches Epizentrum der Kolonie, säumen Kulturzentren, Museen und Verwaltungsgebäude im viktorianischen Stil. Ein wenig landeinwärts liegen zwischen Hochhäusern und Hotelblocks alte Kirchen und das **CHIJMES** (► S. 81). Im Nordosten überschattet das aus dem Raffles City Complex aufragende **Swissôtel The Stamford** – mit 226 m das höchste Hotel der Insel – das ehrwürdige Raffles Hotel. Im Westen liegt der **Fort Canning Park** (🗺 D 7).

Chinatown

Südwestlich des Financial District bietet die Gegend zwischen **New Bridge Road** und **Cecil Street** (🗺 Karte 2, E 9) ein Bild der Kontraste: Während an den mehrspurigen Durchgangsstraßen klotzige Einkaufszentren und Wohnblocks vorherrschen, wurden in den Seitenstraßen viele alte Ladenhäuser aufwendig hergerichtet. Die Gegend um **Ann Siang Hill** und **Club Street** ist mit kleinen Edel-Restaurants und Bars, Designerläden und Spas gespickt.

Orchard Road

Die von Nordwesten nach Südosten verlaufende **Orchard Road** (🗺 A–D 5/6) ist die Fifth Avenue Singapurs – Einkaufs- und Flaniermeile par excellence, in der gigantische Einkaufszentren um die Aufmerksamkeit der Kundschaft buhlen. Sie ist aber auch ein beliebtes Restaurant- und Ausgehviertel sowie Wohngegend für die oberen Zehntausend – die Luxusapartments in den Seitenstraßen zählen zu den teuersten Adressen der Stadt.

Little India

Das kleine Viertel (🗺 E/F 4/5) erstreckt sich nach Norden entlang der **Serangoon Road** bis zur **Lavender Street** und dehnt sich über einige Seitenstraßen nach Westen und Osten aus. Mit seinen Hindu-Tempeln und Moscheen, Curry-Restaurants und Läden für Goldschmuck und Saris ist das Viertel das Herz indischen Lebens in Singapur. Hier können Sie in die Aromen, Farben und Melodien des Subkontinents eintauchen.

Kampong Glam

Nordöstlich von der MRT Bugis gruppieren sich viele restaurierte alte Häuser um die weithin sichtbare **Sultan-Moschee.** Die Gegend ist seit den Gründerjahren das **Viertel der Muslime** (🕮 F 6). Besonders die Geschäfte und Restaurants in der **Arab Street** und **Bussorah Street** ziehen viele Touristen an.

Marina Bay

Östlich des kolonialen Viertels erstrecken sich **Marina South** (🕮 F 9) und **Marina Centre** (🕮 F 7/8). Sie entstanden in den letzten Jahrzehnten in Folge von Landaufschüttungen. Eines der spektakulärsten Gebäude ist das gigantische **Marina Bay Sands.** Dahinter erstrecken sich die **Gardens by the Bay.** Jenseits der Bucht erhebt sich das große Riesenrad **Singapore Flyer** (🕮 G 8). Zudem fallen die stachligen Kuppeldächer des Kulturzentrums **Esplanade – Theatres on the Bay** ins Auge. Weiter nördlich stehen Luxushotels sowie das Messe- und Einkaufszentrum **Suntec City** (🕮 F 7).

Außerhalb

Unterwegs zum exzellenten **Singapore Zoo** werden Sie feststellen: Das Gros der Singapurer wohnt in Trabantenstädten wie **Clementi, Jurong** oder **Toa Payoh** (🕮 Karte 3, E 3). Für Besucher von Interesse ist das kleine Ausgehviertel **Holland Village** westlich der Orchard Road und die etwas verruchten Vororte **Geylang Serai** und **Katong** an der Ostküste. Erholung versprechen an der Westküste die **Southern Ridges** und die Vergnügungsinsel **Sentosa Island.** Das **Bukit Timah Nature Reserve** im Zentrum der Insel wartet mit tropischem Dschungel auf.

WO BIN ICH?

In Singapur wird das Erdgeschoss mitgezählt, d. h. ein Geschäft mit der Adresse #01-34 in einem Shoppingcenter befindet sich im Erdgeschoss und hat die Türnummer 34. Die Privatadresse 145 Miller Road, Block 5, #09-17, bedeutet: Die Wohnung mit der Nummer 17 liegt im 9. (bei uns 8.) Stock des Häuserblocks 5 der Miller Road 145.

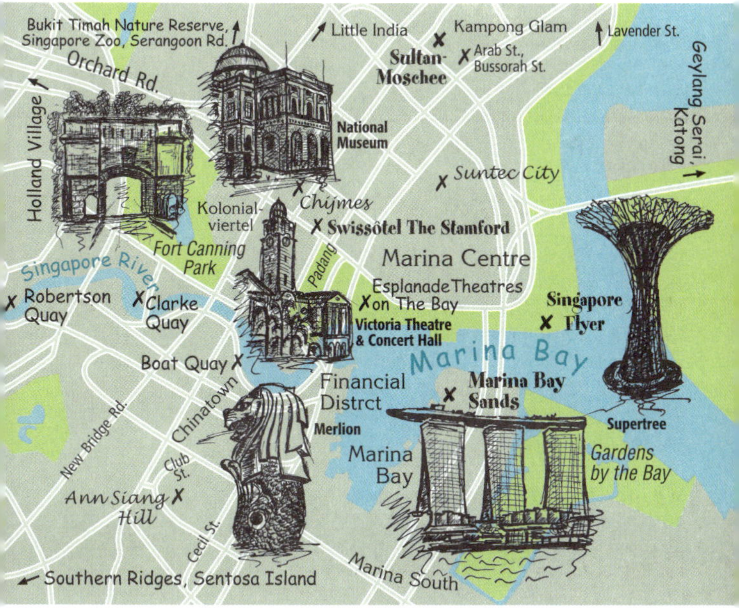

Kurz und heftig

Damit für Sie der Urlaub nicht ins Wasser fällt, sollten Sie besser einen Regenschirm oder ein dichtes Regencape dabei haben. Denn in Singapur kommt es ganzjährig zu kurzen und heftigen Schauern. Zur Zeit des Nordostmonsuns von November bis Januar regnet es etwas mehr, die niederschlagsärmste Zeit ist von Mai bis Juli. Aber auch dann sind Sie vor einem tropischen Guss nicht gefeit. Oft beschränkt sich der Regen auf bestimmte Stadtgebiete – es kann also sein, dass jemand patschnass an Ihnen vorbeiläuft, während doch eigentlich die Sonne scheint! Die Singapurer nehmen es gelassen, schließlich sorgen die Niederschläge auch für üppige Vegetation und immergrüne Parks.

Grünes Wunder

Singapur darf sich zu Recht Garden City nennen, schließlich ist nahezu die Hälfte des Stadtstaats mit Grünflächen bedeckt und der Baumbestand wird auf 2 Mio. geschätzt. Bei der Gestaltung ihrer Gärten und Parks lassen sich die Singapurer einiges einfallen. Einige sind wahrhaft spektakuläre Attraktionen – wie die riesenhaften, vertikal begrünten Bäume der Supertree Grove in den Gardens by the Bay auf dem Foto. Stichwort vertikal: Allein die an Hauswänden und anderen Strukturen emporgezüchtete Vegetation wird auf eine Fläche von 100 ha geschätzt.

Immer was zu feiern

Bei farbenfrohen Festen wie der Chingay Parade lassen sich die verschiedenen Volks- und Glaubensgemeinschaften nicht lumpen und fahren alles auf, was Auge und Ohr betört – schließlich soll ein ordentliches Spektakel daraus werden! Der Fest- und Veranstaltungskalender von Singapur ist das ganze Jahr über gut gefüllt. Gute Chancen also, eine der lautstarken indischen Prozessionen, ein exotisches chinesisches Tempelfest oder Feierlichkeiten zum Staatsjubiläum mitzuerleben. Nicht alle Feste sind religiöser oder politischer Natur, auch der übliche Kulturbetrieb pflegt zahlreiche Festivals und Themenwochen rund um Mode, Kunst und Kulinarik.

Ihr Singapur-Kompass

WOMIT FANGE ICH AN?

#1

Wo alles begann – **am Singapore River**

›PEOPLE OF THE RIVER‹

#2

Bunte Mischung – **in den Völkerkundemuseen**

Globalisierung anno dazumal

#3

Das wiederentdeckte Herz der Stadt – **Chinatown**

AUF DER SUCHE NACH GLÜCK

#12

Tropische Natur im Zentrum – **die Southern Ridges**

GRÜN, GRÜN, GRÜN

#13

Dschungel in Citynähe – **Bukit Timah Nature Reserve**

Der letzte Rest Regenwald …

#14

Tierische Städter – **Singapore Zoo, River Safari und Night Safari**

PANDA, GORILLA & CO.

#15

Singapur im Verborgenen – **Geylang Serai und Katong**

ÜBERRASCHUNGSPAKET

#4

Architektur von morgen – **die Singapore City Gallery**

#5

Von Sultanen und anderen Herrschern – **im Fort Canning Park**

#6

Abtauchen in die Geschichte – **das National Museum**

#7

Aus Leidenschaft shoppen – **in der Orchard Road**

#8

Mantras, Meals und Muezzine – **Little India**

#9

Das malaiische Viertel – **Kampong Glam**

#10

Auf zu neuen Ufern – **Marina Bay**

#11

Eine Insel zum Vergnügen – **Sentosa Island**

1

Wo alles begann – **am Singapore River**

Für einen Spaziergang am Singapore River sollten Sie einen halben Tag Zeit und ein Quäntchen Fantasie mitbringen, denn es bedarf schon einer gewissen Vorstellungskraft, will man hier den historischen Kern erahnen. Wo heute Touristen auf umgebauten Lastkähnen an schicken Restaurants vorbeischippern, wo überwältigende Wolkenkratzer lange Schatten werfen, da wehte noch vor 100 Jahren ein Hauch von Abenteuer durch den schwülen Hafenmief.

Harte Arbeit, schwitzende Männer, die die Waren von den Lastkähnen in die Lagerhäuser an den Kais des Singapore River hievten – vorbei. Heute: viel Vergnügen!

Hier standen die ersten Siedlungen, hier gingen Seeleute von nah und fern vor Anker. Nirgendwo waren die Veränderungen im Stadtbild offensichtlicher und doch blieb es stets eine prestigeträchtige Gegend. Spazieren Sie von der MRT-Station Clarke Quay am Flussufer entlang über die New Bridge Road zur schneeweißen, elegant geschwungenen **Elgin Bridge** 1. Bereits 1823 überspannte an dieser Stelle die erste Holzbrücke den Fluss. Sie konnte schon bald das Verkehrsaufkommen nicht mehr bewältigen und

wurde in der Folgezeit mehrfach erweitert. Ihre gegenwärtige Form erhielt sie 1925.

Von hier bietet sich ein perfekter Blick auf die Innenstadt: Rechts erheben sich die gigantischen Wolkenkratzer des Financial Districts, deren Ausmaße die kleinen restaurierten Lagerhäuser an der Uferpromenade wie winzige Spielzeugbauten erscheinen lassen. Auf der linken Seite liegen inmitten gepflegter Rasenflächen die repräsentativen Verwaltungsbauten aus der Kolonialzeit, etwa das **Parlamentsgebäude** 2 und dahinter das wunderschöne **Empress Place Building** von 1865 mit dem **Asian Civilisations Museum** 3 (▶ S. 24).

Für immer erstarrt

Wenn Sie in südlicher Richtung entlang der Uferpromenade schlendern, treffen Sie auf lebensgroße Bronzeskulpturen der **›People of the River‹**, ein realistischer Eindruck von den Menschen, die den britischen Handelsposten im 19. Jh. bevölkerten: Kulis, Geschäftsleute, Kolonialbeamte und Geldwechsler. Jenseits der **Cavenagh Bridge** 4 nehmen Jungs übermütig ein erfrischendes Bad im Singapore River – ihre Sprünge sind in der Bewegung eingefroren, denn auch sie sind nur aus Bronze. Im Hintergrund erhebt sich das neoklassizistische **Fullerton Hotel** 1 von 1928. Früher war hier das Hauptpostamt und als dieses auszog, wurde es in ein Luxushotel umgewandelt. Eine klimatisierte unterirdische Passage verbindet es im Westen mit **One Fullerton** 1, einem populären Komplex aus Bars und Restaurants an der Marina Bay.

Gut geworben, Löwe

Was hat eine Löwenmähne, einen Fischschwanz und speit Wasser? Die Antwort steht vor dem One Fullerton: Beim **Merlion** 5, dem Wahrzeichen Singapurs, handelt es sich jedoch nicht etwa um ein traditionelles Wappen- oder Fabeltier, sondern um eine 1964 für Werbezwecke ersonnene Fantasiekreatur. Kitschig oder nicht – vor dem Hintergrund der steil aufragenden Bürotürme ist sie allemal ein beliebtes Fotomotiv, besonders in der Abenddämmerung.

Besuch beim Gründervater

Jenseits der im Fachwerk-Stil gebauten **Anderson Bridge** 6 begegnen Sie dem Stadtgründer **Stam-**

3
3000

Bei der Grundsteinlegung des Old Supreme Courts wurde eine Zeitkapsel vergraben, die im Jahr 3000 geöffnet werden soll. Ihr trivialer Inhalt: etwas Geld und die Tageszeitungen vom 31. März 1937.

ford Raffles gleich zweimal: Seine in Bronze gegossene **Statue** 7 steht nachdenklich auf dem Platz vor der **Victoria Theatre and Concert Hall** 8, während zwei Ecken westlich eine Kopie aus weißem Kunststoff hinter dem Asian Civilisations Museum die Stelle markiert, wo er zum ersten Mal die Insel betreten haben soll: die **Raffles Landing Site** 9.

Ufo und Essstäbchen

Wenn Sie die Vermutung beschleicht, sich im Regierungsviertel zu befinden, dann liegen Sie richtig. Allerdings zog das **Parlament** 2 vor einigen Jahren in ein modernes Gebäude in der North Bridge Road. Das alte Parlamentsgebäude öffnete als **Arts House** 10 seine ehrwürdigen Räumlichkeiten der Kultur ebenso wie das benachbarte

ESSEN JENSEITS DER TOURISTENFALLE

An der Uferpromenade **Boat Quay** 1, südlich der Brücke, locken überteuerte Restaurants mit Flussblick und ›Sonderangeboten‹ viele Besucher in die Touristenfalle. Für den kleinen Hunger zwischendurch empfehlen wir im Raffles City Shopping Centre einen Besuch bei **The Soup Spoon** 2 (#B1-61, T 63 34 32 20, www.thesoupspoon.com, Mo–Do 9.30–22, Fr, Sa 9.30–22.30, So 9–22 Uhr, Suppen ab S$ 7), wo herzhafte Eintöpfe wie Gulasch, Kürbiscremesuppe oder Minestrone sowie Snacks, Salate und Sandwiches mit selbst gebackenem Brot aufgetischt werden.

SIGHTSEEING MAL ANDERS

Sind Sie erschöpft vom vielen Laufen? Dann unternehmen Sie eine Bootstour, zum Beispiel auf einem der umgebauten Proviantschiffe *(bumboats)* von der **Merlion-Statue** 5 zur **Raffles Landing Site** 9. Bei einer Flussfahrt mit **Singapore River Cruise** (T 63 36 61 11, www.rivercruise.com.sg) können Sie sich völlig entspannen. Die Singapore River Experience Tour fährt in 40 Min. entlang Clarke Quay, Boat Quay und Marina Bay (S$ 25, Kinder S$ 15). Die Boote verkehren tgl. zwischen 9 und 23 Uhr alle 15 Min., letzte Abfahrt 22.30 Uhr. Am schönsten ist das Ganze in der Abenddämmerung.

Cityplan: D/E 7–9 | **MRT:** Clarke Quay (Ausgang Central)

Bauwerk mit dem großen Uhrturm, die **Victoria Theatre and Concert Hall** 8.

Auf dem weitläufigen Rasen weiter nördlich, dem **Padang** 11 (malaiisch: ›Platz‹), trug einst die High Society beim Hockey oder Cricket schweißtreibende Wettkämpfe aus. An ihn grenzen im Westen zwei stattliche Gebäude: die **Old City Hall** und der **Old Supreme Court,** heute Heimat der **National Gallery Singapore** 12 (▶ S. 78). Der oberste Gerichtshof residiert nun dahinter in dem Gebäude mit dem runden Ufo-ähnlichen Dach. Auf der freien Fläche vor dem **Raffles City Shopping Centre** erinnert das **War Memorial** 13, von Einheimischen wegen seiner Form ›Chop Sticks Memorial‹ (Essstäbchen-Denkmal) genannt, an die Opfer der japanischen Besatzung.

Absteige mit Renommee

Gar nicht viel Fantasie brauchen Sie, um sich bei einer Besichtigung des **Raffles Hotels** 2 in das untergegangene britische Empire in Singapur zu versetzen. Von bescheidenen Anfängen als Zehn-Zimmer-Hotel (1887) entwickelte sich das Raffles unter Leitung der armenischen Sarkies-Brüder zum »besten Hotel seiner Art östlich von Suez«, wie ein Zeitungsartikel zu Beginn des 20. Jh. berichtete. Auf der langen Liste berühmter Gäste stehen Rudyard Kipling, Charlie Chaplin, Hermann Hesse, Liz Taylor und Somerset Maugham, der den hiesigen Klatsch in seinen Geschichten verwertet haben soll. Heute ist das Raffles umringt von Konkurrenten um den Titel ›erstes Hotel am Platz‹, aber ein Tiffin Lunch oder wenigstens ein Singapore Sling in der berühmten **Long Bar** (▶ S. 105) des Hotels gehören nach wie vor zum Ritual eines Singapur-Besuchs.

UM DIE ECKE

Eine runde Sache wird der erste Tag in Singapur bei einem Blick von oben, z. B. von der Bar eines der höchsten Hotels Südostasiens. Das silbern glitzernde **Raffles City Shopping Centre** beherbergt u. a. das **Swissôtel The Stamford** 3 mit seinem über 73 Stockwerke reichenden Turm. Von der gediegenen **City Space Lounge** (So–Do 17–1, Fr–Sa 17–2 Uhr, S$ 30–40, Cocktails um S$ 30) im 70. Stock bieten sich atemberaubende Ausblicke auf die Skyline – wenn die Kleidung stimmt (▶ Dresscode S. 104).

L LEGENDEN

Das **Raffles Hotel** 2 ist von Geschichten umwoben und sogar Schauplatz eines Films nach dem gleichnamigen Roman von Ryu Murakami (1989). Zu den modernen Mythen zählt, dass hier 1902 der letzte Tiger von Singapur erlegt worden sei. Tatsächlich war das Tier zuvor aus einem Zirkus ausgebüchst und hatte sich unter einem der Billardtische versteckt.

Das Bauwerk mit dem großen Uhrturm: Victoria Theater and Concert Hall.

#2

Bunte Mischung – **in den Völkerkundemuseen**

Nicht nur wenn Sie (mit unserem Spaziergang #1) im historischen Stadtkern unterwegs sind, sollten Sie das erstklassige Asian Civilisations Museum und das für Singapur besonders relevante Peranakan Museum besuchen. Die Qualität und Aufmachung der Museen suchen in Südostasien ihresgleichen und bieten die Gelegenheit, mehr über die spannende Kultur- und Migrationsgeschichte der Region zu erfahren.

In dem 1854 im viktorianischen Stil erbauten **Empress Place Building** am Singapore River befindet sich eine wahrlich beeindruckende **Sammlung.** Es strebt als eines der wenigen Museen überhaupt eine Darstellung der wichtigsten asiatischen Hochkulturen der letzten 5000 Jahre an und setzt Schwerpunkte in den Themenfeldern Handel und

Wer wir sind und was wir waren – die einzigartige Kultur der Peranakan bedarf der Pflege, sonst stirbt sie aus. Das Peranakan Museum tut sein Bestes.

Religion sowie Wissensaustausch. In der Old Tao Nan School, einer stilvoll restaurierten, blendend weißen Villa in der Armenian Street, ungefähr 800 m nordwestlich des **Asian Civilisations Museums** 1, ist das gleichermaßen informative wie unterhaltsame **Peranakan Museum** 2 beheimatet.

Asien als großes Ganzes und en détail – im Asian Civilisations Museum ist alles drin.

Zeitreise durch Asien

Auf einer Fläche von über 15 000 m² wecken die kostbaren Exponate und gut platzierten Erklärungen im **Asian Civilisations Museum** 1 selbst bei Museumsmuffeln Neugier. Zahlreiche Videos, interaktive Stationen und zusätzlich per Smartphone abrufbare Inhalte ermöglichen es, tiefer in ausgewählte Themen einzutauchen und die Ursprünge und Entwicklungen verschiedener Kulturen zu entdecken. Zudem setzen temporäre Ausstellungen immer neue Akzente. Wer sich ein umfassendes Bild machen möchte, sollte mindestens eineinhalb Stunden einplanen.

Die **Ancient Religions Gallery** verfolgt die Geschichte und Ausbreitung des Hinduismus und Buddhismus von Indien nach China, Sri Lanka und Südostasien. Die vielen Skulpturen aus längst vergangenen Epochen vermitteln ein anschauliches Bild von der Evolution des Kunsthandwerks und seiner religiösen Komponente. Wohlpräsentierte Artefakte aus sagenumwobenen Reichen wie Sriwijaya, Gandhara oder dem China der Tang-Dynastie zählen zu den Highlights – achten Sie mal auf das hohe Alter vieler Exponate!

Im Fokus der **West Asia Gallery** stehen die islamischen Hochkulturen. Neben der Koran-Kalligrafie werden die Entwicklung der islamischen Architektur und die großen Entdeckungen islamischer Gelehrter, etwa im Bereich der Astrologie oder Mathematik, nachgezeichnet. Im Obergeschoss des **Kwek-Hong-Png-Flügels** dreht sich alles um die Bedeutung von gelehrten Männern für die chinesische Kulturgeschichte.

Schönes aus ferner Zeit

Die Ausstellung **Trade** widmet sich dem frühen regionalen und globalen Handel mit Alltags- und Luxusgütern; zu sehen sind unter anderem wertvolle Arbeiten aus Perlmutt, Schildpatt und Edelmetallen. Eine eigene Galerie füllt chinesische Keramik, vor allem schönes Porzellan aus

INFOS/ÖFFNUNGSZEITEN

Asian Civilisations Museum 1: 1 Empress Place, T 63 32 77 98, www.acm.org.sg, MRT Raffles Place (Exit H), Sa–Do 10–19, Fr 10–21 Uhr, Eintritt S$ 8, Kinder und Senioren sowie für alle Fr 19–21 Uhr S$ 4, Führungen tgl. um 11 und 14, Sa, So auch um 15 und 16.30 Uhr

Peranakan Museum 2: 39 Armenian Street, T 63 32 75 91, peranakanmuseum.org.sg, MRT City Hall oder Bras Basah, Sa–Do 10–19, Fr 10–21 Uhr, Eintritt S$ 6, Kinder und Senioren sowie für alle Fr 19–21 Uhr S$ 3, Führung tgl. um 11 und 14, Sa um 10.30, 12.30, 13.30, 16, So 10.30, 13.30, 15 Uhr

KULINARISCHES FÜR ZWISCHENDRIN

Wer nach einem Besuch im Peranakan-Museum die schmackhafte Peranakan-Küche ausprobieren möchte, ist nebenan im stimmungsvollen, aber kostspieligen **True Blue Cuisine** 1 genau richtig (47/49 Armenian Street, T 64 40 04 49, www.truebluecuisine.com, MRT City Hall, tgl. 11.30–14.30 und 17.30–21.30 Uhr, S$ 31–45).

Karte: D/E 7/8 | Anfahrt: MRT: Raffles Place, City Hall oder Bras Basah

der Ming-Dynastie. Keramik finden Sie zudem in der **Khoo Teck Puat Gallery** mit einer permanenten Ausstellung rund um ein chinesisches Wrack aus dem 9. Jh.: Das Schiff war unterwegs in den Nahen Osten, als es mitsamt seiner kostbaren Fracht aus mehr als 60 000 Schalen, Schüsseln und Schmuckstücken sank. Seine Bergung im Jahr 1998 revolutionierte bisherige Annahmen über die innerasiatischen Handelsbeziehungen jener Tage.

Geheimnisvolles Volk

Im **Peranakan Museum** 2 wird auf drei Stockwerken die gleichnamige Volksgruppe beleuchtet, eine chinesisch-malaiische Mischkultur der ehemaligen britischen Straits Settlements Singapur, Penang und Melaka. Die früh eingewanderten Chinesen entwickelten weit entfernt von ihrer

Heimat einen ganz eigenen, von der malaiischen Welt beeinflussten Lebensstil. Die Peranakan sprachen vorwiegend Malaiisch, durchsetzt mit hokkien-chinesischen Worten. Aus der malaiischen Welt stammen auch Elemente der traditionellen Nyonya-Tracht, etwa der Sarong, der oft gebatikt und gleichzeitig mit chinesischen Motiven bemalt war. Am nachhaltigsten spürbar ist die Peranakan-Kultur bis heute am eigenen Gaumen, da ihre Küche weder der malaiischen noch der chinesischen Küche klar zuzuordnen ist und den bekannten Geschmacksrichtungen gern eine saure oder bittere Note hinzufügt.

Von Babas und Nyonyas

Die neun Galerien umfassen aufschlussreiche Darstellungen der Traditionen, Feste und Zeremonien der Peranakan. Im Erdgeschoss ist die erste Galerie über die historischen Anfänge der Mischkultur untergebracht. In den vier Galerien im ersten Stock liegt der Schwerpunkt auf den komplexen Hochzeitstrachten und -ritualen. Wie Sie sehen, hatten kleinteilige Stick- und Fädelarbeiten mit Schmuckperlen bei den Peranakan einen hohen Stellenwert. Im obersten Stockwerk folgen die Themen Religion, öffentliches Leben, Essen und Feste, Sprache und Mode. Zwei weitere Galerien sind für wechselnde Sonderausstellungen reserviert.

UM DIE ECKE

Dieser Abstecher lohnt sich: Er führt zur **Armenian Church** 3 (Ecke Hill/Coleman Street, www.armeniansinasia.org, MRT City Hall, tgl. 9–18 Uhr), der ältesten Kirche Singapurs. Der irische Architekt George Drumgoole Coleman (▶ S. 120) entwarf viele Gebäude in Singapur, aber diese strahlend weiße Kirche im neoklassizistischen Stil gilt als sein Meisterwerk. Sie wurde 1835 von der winzigen, aber wohlhabenden armenischen Gemeinde finanziert und Sankt Gregor, dem ersten Patriarchen der armenisch-christlichen Kirche, geweiht. Gottesdienste finden nur noch viermal im Jahr statt, aber schauen Sie sich ruhig um und werfen Sie einen Blick in den Garten – kommen Ihnen einige Namen an den Gräbern bekannt vor? Gut möglich, denn es handelt sich um die letzte Ruhestätte der Sarkies-Brüder (▶ S. 23) vom Raffles Hotel.

P PERANAKAN

Stets gut vernetzt und wirtschaftlich wie politisch erfolgreich waren die alteingesessenen Peranakan. Selbst die Premierminister Lee Kuan Yew und Lee Hsien-Loong stammen aus einer Peranakan-Familie. Neben den chinesischen Peranakan existieren kleinere Gruppen von indischen Mischfamilien (die hinduistischen Chitty und die muslimischen Jawi Peranakan) sowie eurasische Abkömmlinge portugiesischer Seefahrer, die Kristang.

3

Das wiederentdeckte Herz der Stadt – **Chinatown**

Bei einer zu drei Vierteln chinesischen Bevölkerung ist die Frage berechtigt: Wieso gibt es in Singapur überhaupt eine Chinatown? Eine gängige Antwort lautet: Stadtgründer Stamford Raffles ordnete 1823 den Volksgruppen bestimmte Wohnviertel zu, um ethnische Spannungen zu vermeiden.

Angesichts der radikalen Veränderungen im übrigen Stadtbild liegen die Gründe für den Fortbestand des Viertels vielleicht noch woanders: Erst als der Großteil der typischen Shop Houses modernen Hochhäusern gewichen war, entwickelte sich in den 1990er-Jahren ein Bewusstsein für die verbliebene alte Bausubstanz. Unterwegs in den interessantesten Straßen des Viertels können Sie etwas Atmosphäre schnuppern und in die Kultur der chinesischen Bevölkerung eintauchen. Dabei stößt man auch auf Hindutempel und Moscheen. Nehmen Sie sich einen halben Tag Zeit – am besten morgens beginnen und mittags eine Pause im **Maxwell Food Centre** ❹ einlegen.

Immer wieder sonntags in den Straßen von Chinatown: Chinesische Männer lieben Xianqi, die asiatische Variante des Schachs.

In trauter Eintracht

Auf der South Bridge Road stehen unübersehbar zwei Gebetsstätten, die im 19. Jh. von indischen Einwanderern errichtet wurden: die grüne, von tamilischen Händlern begründete **Jamae Chulia Mosque** 1 mit ihren hoch aufragenden achteckigen Minaretten und der älteste Hindu-Tempel der Stadt, der **Sri Mariamman Temple** 2. Das imposante sechsstufige Eingangstor des Tempels ist über und über mit bunten Skulpturen der hinduistischen Mythologie bedeckt. Die beste Zeit für einen Besuch ist zum Mittags- oder Abendgebet, wenn die Gläubigen das Gebäude mit Leben füllen.

Ach du heilige Kuh – auf dem Dach des hinduistischen Sri Mariamman Temple liegt sich's wohl gemütlich.

Go southeast!

Die kleine Pagoda Street rechts neben dem Tempel führt zum **Chinatown Heritage Centre** 3, das sich über drei restaurierte Shop Houses erstreckt – eine prima Gelegenheit, etwas über die lokale Migrationsgeschichte zu erfahren. Historisch Interessierte können hier gut und gerne zwei Stunden verbringen, ohne sich zu langweilen. Verfolgen Sie den Weg der Chinesen, die im 19. und frühen 20. Jh. dem Elend ihrer Heimatprovinzen entflohen und ihr Glück in Singapur suchten. Wie ungemein komfortabel verlief wohl Ihre eigene Anreise nach Singapur im Vergleich zu den Härten einer damaligen Schiffspassage? In Singapur angelangt, verfielen etliche Neuankömmlinge düsteren Versuchungen, etwa der verbreiteten Opiumsucht und riskantem Glücksspiel, aber auch der Prostitution und den Machenschaften sinistrer Geheimgesellschaften. Beleuchtet werden aber auch die goldenen 1950er- und 1960er-Jahre, als die Chinatown ein Ort war, an dem der Tag niemals endete.

F
FAKE

In chinesischen Tempeln verbrennen Gläubige in großen Schalen Opfergaben aus Papier oder Pappmaschee für ihre Ahnen. Entsprechende Geschäfte verkaufen papierne Handys, iPads, Häuser, Autos, Cognacflaschen, Kreditkarten und vor allem Banknoten von absurd hohem Nominalwert. Zum **Hungry Ghosts Festival** im siebten Monat des Mondkalenders wird besonders viel verbrannt, denn dann werden die Geister der Verstorbenen auf die Erde beurlaubt.

Auf den Zahn gefühlt

Einige hundert Meter südlich können Sie im **Buddha Tooth Relic Temple & Museum** 4 sehen, wie aus einer Mücke ein Elefant wurde: Dieses wie eine chinesische Festung anmutende Gebäude mit blitzblanken Hallen wurde aus Spenden finanziert, um darin einen (!) Zahn aufzubewahren. Natürlich nicht irgendeinen Zahn – Buddha höchstpersönlich soll ihn getragen haben. Die so geheiligte Reliquie erhält im vierten Stock ihren würdigen Platz in einem imposanten Schrein, der von einer Ve-

T
TEEKRÄNZCHEN

Für eine traditionelle chinesische Teezeremonie sollten Sie ins **Tea Chapter** 1 gehen (9–11 Neil Road, T 62 26 11 75, www.teachapter.com, MRT Outram Park, So–Do 11–22.30, Fr, Sa 11–23 Uhr). Dort werden Ihnen Teesorten und das typische Prozedere des Aufgießens und Einschenkens vorgeführt. Dazu gibt es Gebäck, chinesische Tee-Eier und jede Menge Infos. Eine Stunde mit zwei Sorten kostet S$ 39, die längere Sitzung mit sechs Sorten S$ 66. Etwas günstiger sind die 45-minütigen Sessions für S$ 25–30 p. P. im **Yixing Xuan Teahouse** 2 (30 Tanjong Pagar Road, T 62 24 69 61, www.yixingxuan-teahouse.com, Mo–Sa 10–21, So 10–19 Uhr).

randa aus bestaunt werden kann und unglaublich viel Gold enthält. Auf den übrigen Etagen werden Sie von der gewaltigen Sammlung von Buddha-Statuen, Bodhisattwas und Wachsfiguren verstorbener Äbte förmlich erschlagen. Und falls Sie große Träume hegen: Steigen Sie bis zum Dachgarten hinauf, denn hier können Sie eine wirklich riesige Gebetstrommel drehen.

Ritterschlag

Über die Kadayanallur Street gelangen Sie nun in den edelsanierten Winkel der Chinatown: Ann Siang Road, Ann Siang Hill und **Club Street** 5. Letztere wurde nicht nach den vielen Bars und Clubs benannt, die sich hier neben Designerboutiquen und Wellness-Studios etabliert haben, sondern nach dem **Chinese Weekly Entertainment Club** von 1891 (Hausnr. 76 in der südöstlich abgehenden Sackgasse). Er war wie auch die anderen Clan-Häuser des 19. und frühen 20 Jh. für viele Einwanderer aus China die erste Anlaufstelle bei der Suche nach Unterkunft und Arbeit. Sein berühmtestes Mitglied Song Ong Siang war übrigens auch der erste Chinese, der in England zum Ritter geschlagen wurde.

Wehret den bösen Geistern

Der **Nagore Durgha Shrine** 6 an der Kreuzung Boon Tat Street und Telok Ayer Street wurde in den 1820er-Jahren von Tamilen aus Südindien erbaut und später als Moschee genutzt. Bei genauem Hinsehen erkennen Sie eine Mischung aus westlichen und islamischen Stilelementen – angedeutete korinthische Säulen unter Minaretten und Zwiebeltürmchen. Bemerkenswert ist die Fassade darüber: Sie sieht aus wie ein Miniatur-Palast mit winzigen Fenstern und einem kleinen Eingang.

Der **Thian Hock Keng Temple** 7, ein paar Schritte weiter, ist der Inbegriff eines taoistischen Tempels. Der ›Tempel der himmlischen Glückseligkeit‹ stand bei seiner Errichtung 1839 noch an der Küste. Matrosen und Passagiere aus Südchina dankten hier Ma-Chu-Po, der Schutzpatronin der Seefahrer, für die sichere Überfahrt. Der älteste chinesische Tempel der Stadt ist auch einer der eindrucksvollsten: Die Drachen auf dem Dach symbolisieren das Spiel der entgegengesetzten Kräfte Yin und Yang. Die Löwen am Eingang und die aufgemalten Türwächter verwehren bösen Geistern den Zutritt.

INFOS/ÖFFNUNGSZEITEN

Jamae Chulia Mosque 1: 218 South Bridge Road, www.masjidjamaechulia.sg, Sa–Do 9–12.30 und 18–21, Fr 15.30–18 Uhr, Eintritt frei

Sri Mariamman Temple 2: 244 South Bridge Road, www.smt.org.sg, tgl. 5.30–12 und 18–21 Uhr, Eintritt frei, S$ 3 für Fotos, S$ 6 für Videoaufzeichnungen

Chinatown Heritage Centre 3: 48 Pagoda Street, www.chinatownheritagecentre.com, tgl. 9–20, letzter Einlass um 19 Uhr, Eintritt S$ 15, Kinder unter 12 Jahren S$ 11, Führungen für S$ 5 um 13.30 und 16.30 Uhr

Buddha Tooth Relic Temple & Museum 4: 288 South Bridge Road, www.btrts.org.sg, tgl. 7–19 Uhr, Eintritt frei, Spende erwünscht; Besichtigung des Schreins mit dem Zahn im 4. Stock tgl. 9–18 Uhr

Nagore Durgha Shrine 6: 140 Telok Ayer Street, tgl. 9.30–17.30 Uhr, Eintritt frei

Thian Hock Keng Temple 7: 158 Telok Ayer Street, www.thianhockkeng.com.sg, tgl. 7.30–17.30 Uhr, Eintritt frei, Spende erwünscht

KULINARISCHES FÜR ZWISCHENDRIN

Der touristische **Nachtmarkt** 1 entlang der Pagoda Street, Trengganu Street und Sago Street brachte vor allem in der Smith Street die Ansiedlung von Cafés und Restaurants mit sich (tgl. 11–23 Uhr). In dem kleinen Lokal **Lan Zhou La Mian** 3 (19 Smith Street, T 63 27 12 86, tgl. 12–16, 18–22 Uhr) bereitet der Chef die Nudeln und Teigtaschen nach Lanzhou-Art vor den Augen der Gäste zu. Toll, wie aus einem Klumpen Teig durch gekonntes Ziehen, Drehen und Zusammendrücken eine lange Wurst entsteht, aus der sich ganz von selbst die feinen Streifen lösen, die dann als Nudeln in den Kochtopf wandern. Mehr Auswahl gibt's im **Maxwell Food Centre** 4 (▶ S. 34).

Cityplan: D 9/10 | **MRT:** Chinatown, Telok Ayer

#4

Architektur von morgen – **die Singapore City Gallery**

Es gibt nur wenige Großstädte, in denen die effiziente Stadtplanung zu einer Attraktion für sich geworden ist, aber die perfektionistischen Planer, Ingenieure und Architekten von Singapur haben es geschafft. Welche Motivationen und Konzepte, aber auch naturwissenschaftlichen und soziologischen Erkenntnisse dieser Erfolgsstory zugrunde liegen, erfahren Sie bei einem Besuch der Singapore City Gallery 1.

Für Hobby-Stadtplaner genau das Richtige: das große Singapur-Modell in 3D

Singapur hat sich in den letzten 50 Jahren gewandelt wie kaum eine andere Stadt. Seit den 1970er-Jahren ist die staatliche Urban Rede-

velopment Agency (URA) maßgeblich an dieser Umgestaltung beteiligt. Trotz der hohen Bevölkerungsdichte und der begrenzten Fläche bleiben überall Grünflächen erhalten, während Wohngebiete schon mal per Kahlschlag saniert werden. Die Architekten der Stadt von morgen pflegen ein inniges Verhältnis zur Vertikalen, denn sie sollen möglichst viel Wohn- und Gewerberaum auf wenig Fläche schaffen – im Zentrum wurden Einkaufszentren sogar bis zu vier Stockwerke unter die Erde verlagert. Die in zehn Themenbereiche gegliederte Ausstellung stellt all dies und mehr auf 2400 m² anschaulich dar, jede Menge Fun Facts und spannende Geschichten inklusive. Planen Sie ein bis zwei Stunden ein.

Nachwuchs-Stadtplaner bitte melden

Ihr Rundgang beginnt mit einem Einführungsvideo auf einer um 270° Grad gekrümmten Bildfläche. Weiter geht's entlang der Zeitleiste durch die Aschenputtel-Geschichte vom Fischerdorf zur Millionen-Metropole. Wenn Sie anschließend nicht nach rechts, sondern geradeaus gehen, können Sie virtuellen Experten zu ausgewählten Zusammenhängen und Projekten zuhören. Im Bereich dahinter dürfen Sie sich anhand eines Videospiels selbst an den Problemen der Stadtplaner probieren – wo spart man Platz, wo sollte man bauen? Zeigen Sie, ob ein Planer in Ihnen steckt!

Grün und sauber

In der folgenden Abteilung werden Aspekte der Nachhaltigkeit und Öko-Effizienz vor dem Hintergrund limitierter natürlicher Ressourcen behandelt. Bemerkenswert sind die Lösungen zur Gewinnung und weiträumigen Verteilung sauberen Trinkwassers über ein West-Ost-Gefälle der Leitungen. Um das Verkehrsaufkommen und den Flächenbedarf zu reduzieren, wurden Wohngebiete durch Community Clubs mit Freizeit-, Bildungs- und Betreuungsangeboten sowie gastronomischen und medizinischen Einrichtungen ausgestattet. Gleichzeitig werden Areale mit Anschluss ans MRT-Netz besonders intensiv bebaut. So bleibt genug Raum für Grünflächen, Fußgänger und verkehrsberuhigte

H HDB

Als Singapur 1965 endgültig von Malaysia abgespalten war, musste die Regierung auf der begrenzten Fläche dringend mehr Wohnraum schaffen. Dafür wurde das Housing & Development Board (HDB) ins Leben gerufen. In den folgenden Jahrzehnten wichen Tausende von traditionellen zweistöckigen Geschäftshäusern gigantischen Siedlungen mit funktionalen Wohnblocks. Diese sind umgeben von Parks, Spielplätzen, Sportanlagen, Nachbarschaftszentren und Einkaufsmöglichkeiten. Für eine asiatische Metropole bieten die HDB-Wohnungen eine hohe Lebensqualität. Aktuell wohnen ca. 80 % der Singapurer in solchen Blocks, allerdings sind die Preise so hoch, dass sich junge Leute kaum noch eine eigene Wohnung leisten können.

INFOS/ÖFFNUNGSZEITEN

Singapore City Gallery 1: 45 Maxwell Road, T 63 21 83 21, www.ura.gov.sg/uol/citygallery, Mo–Sa 9–17 Uhr, Eintritt frei

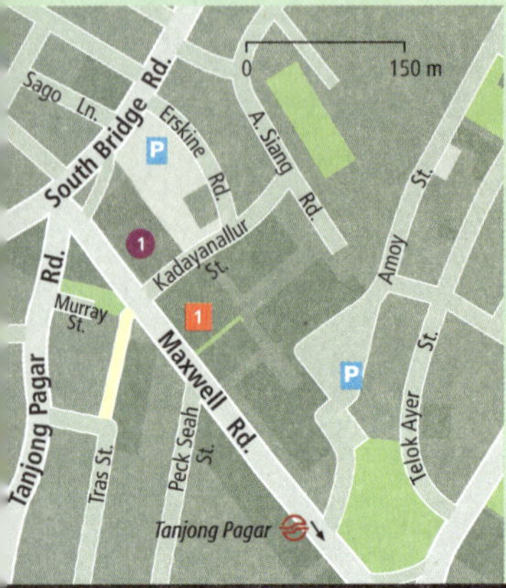

VON ALLEM ETWAS

Das **Maxwell Food Centre** 1 (Ecke Maxwell/Tanjong Pagar Road, tgl. 8–22 Uhr, S$ 3,50–8) mit zahlreichen Garküchen ist besonders zur Mittagszeit der Renner und bietet für (fast) jeden Geschmack etwas – wie wär's mit einer dampfenden Nudelsuppe oder Popiah, kleinen gefüllten Teigröllchen, für den kleinen Hunger? Lange Warteschlangen bilden sich am Stand von **Tian Tian Hainanese Chicken Rice:** Hier wird der Reis in Hühnerbrühe gekocht und erhält so sein unverwechselbares Aroma. Dazu: Hühnerfleisch, eine süßliche Soße und grüne Gurke.

Cityplan: D 10 | **MRT:** Tanjong Pagar (Exit B)

Zonen. Schließlich hebt das Ableiten von Regenwasser in große Süßwasserreservoirs (etwa Marina Bay) die Lebensqualität für Menschen, Pflanzen und Tiere – kaum eine vergleichbare Metropole verfügt über so viele Seen im Stadtgebiet. Interessant sind auch die sich anschließenden Bereiche, in denen gezeigt wird, wie das architektonische Erbe erhalten wird, wie modernes urbanes Design aussehen kann und wie sich einzelne Stadtviertel entwickelt haben; der ›Conservation Plan‹ zur Erhaltung historischer Bausubstanz umfasst bereits über 7000 Gebäude in mehr als 100 Vierteln. Schematische Querschnitte solcher Gebäude zeigen die Merkmale und Stile traditioneller Shop Houses.

SimCity in echt

Ein Modell bildet fast die gesamte Insel und alle wichtigen Gebäude darauf ab. Das Highlight ist jedoch ein zweites, überwältigend detailreiches Modell der Innenstadt – eines der größten Architekturmodelle überhaupt. Hier wird stündlich von 10 bis 16 Uhr die Licht-Klang-Installation ›A Day in Singapore‹ vorgeführt. Tipp: Betrachten Sie die Show am besten von der Galerie im Stockwerk darüber!

▶ INFOS

Wenn Sie auf dem großen Modell der Innenstadt nicht alles erkennen können, besuchen Sie die Website der Singapore City Gallery. Hier lässt sich die Miniatur-Stadt auch virtuell und aus nächster Nähe erkunden.

Von Sultanen und anderen Herrschern – **im Fort Canning Park**

#5

Könnten Bäume sprechen, dann hätten die im Fort Canning Park wohl einiges zu erzählen. Hier können Sie bei einem Spaziergang auf verschlungenen Wegen einige der ältesten Relikte der präkolonialen und kolonialen Vergangenheit entdecken und obendrein etwas Natur genießen.

Zehn Minuten zu Fuß von der Orchard Road und vom Clarke Quay, erfreut sich der 18 ha große Park um das Fort Canning Service Reservoir bei Angestellten aus der City großer Beliebtheit. Auffällig ist die Vielfalt seiner Bäume, darunter die Banyan-Bäume mit ihren Luftwurzeln und

Nach anstrengender Shoppingtour im Großstadtdschungel heißt es durchatmen, auftanken, ins Grüne schauen …

Liebt die feuchte Luft in Singapur und dankt's mit kräftigem Rot – die Heliconia rostrata, auch Hummerschere oder Falsche Paradiesvogelblume genannt

die weit ausladenden, von Epiphyten bedeckten Regenbäume. Sie bieten Fledermäusen, Eidechsen, Eichhörnchen und Vögeln ein Zuhause, 13 besonders prächtige Exemplare wurden sogar zu ›Heritage Trees‹ erklärt.

Schrecklicher Irrtum

Einst mieden die Malaien den 60 m hohen Hügel aus Respekt, denn sie glaubten, dass dort der Palast ihrer frühesten Herrscher gestanden hatte. Auf einer Anhöhe hinter dem Standesamt thront ein schützender Pavillon über dem **Grab von Sultan Iskandar Shah** **1**, im 14. Jh. der letzte Herrscher von Temasek (Singapur). Man fand auf dem Hügel zudem javanisches Gold aus derselben Epoche und einen islamischen Schrein.

Damals war die Aussicht vermutlich nicht so zugewachsen, daher errichtete Stadtgründer Raffles 1822 südlich des Sees seinen Bungalow dort, wo heute das massive **Raffles House** **2** steht. Nördlich des Sees erkennen Sie zudem die Tore und restaurierten Überbleibsel einer Baracke des 1861 errichteten **Forts Canning** **3**. Dieses wurde 1926 geschlossen, da andere Forts an der Küste zur militärischen Verteidigung dienten – auf Angriffe von der Landseite war man dagegen nicht vorbereitet. Und so gelang es den japanischen Invasoren während des Zweiten Weltkriegs innerhalb von 14 Tagen die gesamte

Treten Sie ruhig durch dieses Tor durch – der Fort Canning Park ist jetzt ganz friedlich.

Insel einzunehmen. In den Bunkern bei Fort Canning, 9 m unter der Erde, entschloss sich General Percival am 15. Februar 1942 zur größten militärischen Kapitulation Großbritanniens. Erst nach Japans Kapitulation am 15. August 1945 wurde Singapur wieder der britischen Militärverwaltung unterstellt und 1946 zur Kronkolonie erklärt. Im Bunkermuseum **The Battle Box** 4 können Sie die Eroberung Malaysias durch die Japaner und die Ereignisse am Tag der Kapitulation im Rahmen einer Führung nacherleben.

Die ältesten Grabsteine

Am östlich vom **Fort Canning Centre** angelegten **Fort Canning Green** 5 befindet sich der älteste christliche Friedhof der Stadt, der bis Mitte des 20. Jh. genutzt wurde. In der Nähe der beiden gotischen Eingangstore stehen Grabsteine; die frühesten stammen vom 1822 aufgegebenen Friedhof auf der Hügelkuppe, andere vom alten Friedhof in Bukit Timah. Ihre Grabplatten sind in die Mauern eingelassen, die Fort Canning Green zu beiden Seiten begrenzen. Sogar deutsche Namen wie der des 1904 beigesetzten ›kaiserlich-deutschen Generalkonsuls‹ Hans Hermann Eschke finden sich hier.

Ü
ÜBRIGENS

Südlich des Fort Canning Greens erinnert ein kleiner **Gewürzgarten** 6 mit informativer Beschilderung an die Bedeutung, die der Gewürzhandel einst für die Kolonialmächte hatte. Stamford Raffles ließ 1822 erste Pflanzungen von Nelken, Muskat und anderen teuer gehandelten Gewürzpflanzen anlegen. Sie bildeten die Basis der Gewürzplantagen, die in den folgenden 35 Jahren das Bild der Insel bestimmen sollten.

INFOS

The Battle Box 4: 51 Canning Rise, T 63 38 61 33, www.battlebox.com.sg, tgl. 9.30–17.30, Führungen 13.30, 14.45, 16, Di–So auch 9.45, 11 Uhr, S$ 18, Kinder S$ 9

LECKERES VOM BÄCKERSJUNGEN

Für einen Snack oder ein Mittagessen eignen sich die Sandwiches, Pasta- und Fleischgerichte von **The Fabulous Baker Boy** 1 (70 River Valley Road, T 97 29 85 60, Di–Do 11–22, Fr, Sa 11–23, So 10–17 Uhr, S$ 11–25), das sich überdies mit fantastischen Kuchen einen Namen gemacht hat.Einige sind nach berühmten Sängerinnen benannt. Wie wär's mit Tina-Turner-Buttertorte, Whitney-Houston-Schokoladenkuchen?

Cityplan: D 7/8 | **MRT:** Bras Basah oder Dhoby Ghaut

6

Abtauchen in die Geschichte – das National Museum

Zu Besuch bei Seefahrern und Abenteurern, Staatsmännern und einfachen Leuten, von der Zeit der Sultane bis ins digitale 21. Jh. – willkommen im besten historischen Museum Südostasiens. Das National Museum of Singapore 1 präsentiert die Geschichte der Insel so spannend, als wäre sie erst gestern geschehen.

Moderne Zeichen im National Museum. Der indonesische Künstler Eko Nugroho hat in Bronze gegossen, worum es auch im multiethnischen Singapur geht: »It's all about coalition«.

Wenn Sie sich für die Entwicklung der jungen Nation oder auch ganz allgemein für die Geschichte Südostasiens interessieren, gehört das Museum unbedingt zum Pflichtprogramm. Mit einer Vielzahl von interaktiven Elementen zum Sehen, Hören und Anfassen macht es die historischen

Zusammenhänge auch für weniger lesefreudige Besucher und Kinder erfahrbar. Für einen Besuch sollten zwei bis drei Stunden eingeplant werden, um durch die Dauerausstellung zu streifen und am Ende die eine oder andere Neben- und Sonderausstellung sowie eine der künstlerischen Installationen zu besichtigen.

Old meets new

Schon im Jahr 1887 wurden in dem repräsentativen weißen Gebäude an der nordöstlichen Seite des Fort Canning Parks eine Bibliothek und ein Museum eröffnet. Dieses neoklassizistische Bauwerk, das Architekt H. S. McCallum mit einer von einem Kuppeldach gekrönten Rotunde versah, wurde gehörig umgekrempelt und durch einen rückseitigen Anbau aus Glas und Stahl sowie unterirdische Räume auf mehr als die doppelte Fläche erweitert.

Zurück in die Zukunft

Die **Singapore History Gallery** zeichnet den Werdegang Singapurs vom 14. Jh. bis heute nach. Nachdem Sie über einen spiralförmigen Gang in die Geschichte ›zurückgereist‹ sind, folgen Sie dem Pfad der wichtigen politischen und gesellschaftlichen Ereignisse, der Sie über kleine Abzweige und versteckte Winkel zu ausgewählten Themen und Einzelschicksalen der kolonialen Epoche führt. Auch die historischen Verdienste asiatischer Zuwanderer werden hervorgehoben, etwa das von Eunos Abdullah, der sich im 19. und 20. Jh. für bessere Lebensverhältnisse und Schulbildung für Malaien einsetzte.

Ein Gemälde von Percy Carpenter zeigt Singapur im Jahr 1856 aus der Perspektive eines Beobachters auf dem Mount Wallich. Man erkennt das Governor's House, das Tan Tock Seng Hospital und die St. Andrew's Church. Andere Gemälde und Fotos zeigen die Stadt im frühen 20. Jh. ausgesprochen modern, mit Automobilen und Elektrizität, Telefon- und Telegraphenämtern. Einem bedrückenden Abschnitt zur japanischen Besatzung, als Singapur Shonan-To (›Licht des Südens‹) hieß, folgen Betrachtungen zur Unabhängigkeit und Nationwerdung; auch dem Wirtschaftswunder der vergangenen Jahrzehnte widmet die Ausstellung einigen Raum.

D DURCH-BLICK

Werfen Sie im Obergeschoss des alten Flügels einen Blick nach oben: Hier gewährt eine ausgeklügelte Glaskonstruktion gute Sicht auf die Kuppel mit ihren palladianischen Stilelementen. Diese Glaspassage zählt zu den weltweit größten freitragenden Glaskonstruktionen – Ingenieure aus vier Ländern haben mehr als ein Jahr lang daran gearbeitet.

INFOS

National Museum of Singapore
1: 93 Stamford Road, T 63 32 36 59, www.nationalmuseum.sg, tgl. 10–19 Uhr, S$ 15, Kinder und Senioren S$ 10, Führungen tgl. 11 und 14, Sa, So auch 13, 15 und 16 Uhr

DURCHPROBIEREN

Hungrige finden im hauseigenen Café-Bistro **Food For Thought** (T 63 38 98 87, www.foodforthought.com.sg, tgl. 10–19 Uhr, S$ 15–25) einfache asiatische, mediterrane und Brunchgerichte. Mehr Auswahl gibt es nicht weit entfernt bei **Food Republic** 1 (51 Bras Basah Rd, #01-03, Manulife Centre, www.foodrepublic.com.sg, tgl. 8–22 Uhr, S$ 5–10), wo Sie sich an mehreren Ständen nach Lust und Laune durchprobieren können; nebenan bei **Din Tai Fung** 2 (T 68 37 39 33, www.dintaifung.com.sg, S$ 16–30) gibt's Dim Sum (► S. 94).

Cityplan: D 7 | **MRT:** Bras Basah, Exit C

Lifestyle als Kulturgut

Im zweiten Stock zeigt die Ausstellung **Modern Colony** das Leben im kosmopolitischen Singapur der 1920er- und 1930er-Jahre. Wie modern und (für asiatische Verhältnisse) progressiv die wohlhabenden Chinesen und Peranakan damals lebten, zeigt sich vielleicht am besten anhand der sozialen Stellung von Frauen im gesellschaftlichen Gefüge. Sie traten zunehmend ans Licht der Öffentlichkeit und engagierten sich für Bildung und gemeinnützige Zwecke. Man beachte die hübschen Kleider in den modischen Schnitten jener Tage. Chronologisch daran anschließend, zeigt **Surviving Syonan,** wie sich die Singapurer der 1940er-Jahre im Alltag mit der Besatzung durch die Japaner arrangierten. Die Ausstellung erinnert an zerstörte Häuser in einem Kriegsgebiet und lässt viele Zeitzeugen zu Wort kommen. Wie sich das Leben in den politisch tumultreichen 1950er- und 1960er-Jahren abspielte, davon handelt die Galerie **Growing Up,** die sich vor allem auf die Rolle von Schulen, den sozialen Kosmos kleiner Wohnviertel und die Anfänge der Unterhaltungsindustrie für die Nachkriegsgeneration konzentriert. Die Ausstellung **We Build A Nation** widmet sich dem Nation Building unter Premierminister Lee Kuan Yew in den zehn Jahren bis 1975.

So schön kann ein Museum sein! Das National Museum of Singapore lockt aber nicht nur mit seinem Äußeren, sondern auch mit seinem Inneren.

Aus Leidenschaft shoppen – **in der Orchard Road**

#7

Ausdauerndes Einkaufen gehört für Singapurer zwingend zum Leben dazu. Und so reiht sich in der längsten und beliebtesten Einkaufsmeile ein glitzernder Konsumpalast an den nächsten. Schließen Sie sich den Einheimischen bei deren liebster Freizeitbeschäftigung an und bummeln Sie mit ihnen über den Boulevard. Das eine oder oder andere Mitbringsel wird dabei fast wie von selbst in Ihre Einkaufstasche ›hüpfen‹.

An Wochenenden und Feiertagen sind die Shoppingcenter und breiten Gehwege brechend voll, denn viele nutzen ihre knapp bemessene Freizeit, um der Kauflust zu frönen. Das Motto ›shop 'til you drop‹ kann angesichts des überwältigenden

Die Ruhe vor dem Sturm: Am Wochenende spuckt die MRT Station am Shopping Centre ION Orchard Shoppingwillige im Sekundentakt aus.

Warenangebots durchaus wörtlich genommen werden, denn nach einem Tag in den Malls sind selbst Hartgesottene meist ziemlich platt. Für einen gemütlichen Bummel reicht ein halber Tag voll und ganz.

Sag mir, wo du einkaufst ...

Mindestens genauso interessant wie das Stöbern, Shoppen und Schlemmen ist das Schauen. Und wenn Sie jetzt meinen, Einkaufszentren seien nicht mehr als klimatisierte Einkaufsbunker für die anonyme Masse – weit gefehlt! Als Treffpunkte, Anlaufstellen und Aushängeschilder des (halb-) öffentlichen Lebens gehören sie zum Lifestyle. Angebot, Design und Ambiente sind häufig auf bestimmte Zielgruppen ausgerichtet: mal hip, mal schick, mal sportlich, mal familienorientiert. Und wenn Sie eine Auszeit brauchen oder ein tropischer Wolkenbruch vom Himmel gießt, flüchten Sie einfach in eines der Multiplexkinos und schauen sich einen Film an. Ein guter Ausgangspunkt ist die MRT-Station Dhoby Ghaut, benannt nach den indischen Waschmännern, die vor mehr als hundert Jahren Wäsche (›dhoby‹) im Stamford-Kanal wuschen.

Ö ÖRTCHEN

In allen Einkaufszentren und öffentlichen Einrichtungen finden Sie kostenlose, saubere Toiletten. Die Restroom Association (www.toilet.org.sg) vergibt sogar drei bis fünf Sterne für die besten Toiletten.

Links, zwo, drei, vier

Während die nahe **Park Mall** 1 auf Möbel und Inneneinrichtung spezialisiert ist, präsentiert sich das **Plaza Singapura** 2 auf der gegenüberliegenden Seite als Einkaufszentrum für die ganze Familie. Dahinter liegt inmitten ausgedehnter Parkanlagen der **Istana (Palast)** 1, einst Residenz der Gouverneure und nun Wohnsitz des Präsidenten. Sollten Sie zufällig an einem Tag der offenen Tür (etwa am 1. Mai oder 30. Juli) in Singapur sein, können Sie sich (mit Reisepass) in die Warteschlange einreihen. Zudem zelebrieren die wachhabenden Soldaten jeden ersten Sonntag eines Monats zwischen 17.45 und 18 Uhr das **Changing of The Guards,** den Wachwechsel, vor dem Haupeingang des Palastes. Die ›Prozession‹ der neuen Wachsoldaten beginnt in Begleitung einer schmissigen Militärkapelle neben dem OG Point (Beauty und Fashion Mall, http://og.com.sg) in der Koek Road.

Konsum-Skulpturen

Ein paar Straßenzüge weiter locken zwei der modernsten Konsumtempel der Orchard Road. Im

Windowshopping kann ziemlich müde machen. Zum Glück gibt's im Untergeschoss einen großen Food Court.

architektonisch eigenwilligen **Orchard Central** 3 strebt alles in die Höhe und auf den 14 Etagen buhlen über 300 Läden um Kundschaft. Zudem gibt es einen elegant gestalteten Dachgarten mit Orchideen, begrünten Fassaden und edlen Freiluftrestaurants sowie zeitgenössischen Kunstwerken. Dank seiner Beleuchtungsinstallationen sieht das Orchard Central nach Einbruch der Dunkelheit besonders spektakulär aus. Unter dem mit Kästchenmuster verglasten Gebäude des angrenzenden **313@Somerset** 4 liegt die MRT-Station Somerset. Wer hier hungrig aussteigt, hat eine sehr gute Auswahl an Essensmöglichkeiten im Erdgeschoss und in der **Food Republic** mit Dachgarten im fünften Stock. Darüber laden zahlreiche Bekleidungs- und Lifestyle-Läden auf acht Etagen zum Stöbern ein.

Namen von Weltruf

In der mittleren Orchard Road präsentiert sich alles, was in der Welt des Luxus Rang und Namen hat – von Cartier über Fendi, Jimmy Choo und Gucci bis zu Louis Vuitton und Prada. **The Heeren** 5 ist ebenso wie das gegenüberliegende **Cathay Cineleisure Orchard** 6 ein beliebter Treffpunkt trendbewusster Singapurer. Boutiquen exklusiver Designer-Labels finden sich vermehrt in der **Mandarin Gallery** 7, im **Paragon** 8 und im **Ngee Ann City** 9, einem riesigen Gebäude mit weinrot schimmernder Fassade. Auf der Civic Plaza vor dem Eingang des Ngee Ann City treten oft Musiker oder Straßenkünstler auf. Fußgängerunterführungen verbinden das Einkaufszentrum

Und ewig lockt das nächste Schnäppchen.

mit den Zentren **Paragon** 8 schräg gegenüber und dem benachbarten **Wisma Atria** 10.

Gegensätze ziehen sich an

Große Einkaufszentren gibt es im Stadtstaat etwa seit den 1970er-Jahren, daher ist es kein Wunder, dass einige inzwischen wie die letzten Dinosaurier ihrer Art wirken. Man schaue sich nur mal das **Lucky Plaza** 11 an, das mit seinen kleinen günstigen Kramläden inmitten der modernen Glaspaläste fast schon Denkmalschutz verdient. Als es 1978 eröffnet wurde, war es das erste Einkaufszentrum mit Rolltreppen und verglasten Aufzügen in Südostasien. Heute ist es dank niedrigerer Preise bei weniger kaufkräftigen Gastarbeitern beliebt und schon nicht mal mehr ein Prototyp für das, was Sie schräg gegenüber bestaunen können: das **ION Orchard** 12, ein riesiger, mit geschwungenem Stahl und Glas gestalteter Konsumtempel mit mehr als 300 Läden. Dabei liegen die Hälfte der acht Stockwerke unter und die andere Hälfte über der Erde. Richten Sie sich nach der Faustregel: Je höher das Stockwerk, desto höher die Preise. Ganz unten findet sich ein riesiges Angebot an Essensständen.

Umzingelt

Auf den letzten 500 m der Prachtstraße drängen sich das exklusive **Wheelock Place** 13 mit seinem Glaskegeldach, das **Liat Towers** 14, das in die Jahre gekommene **Far East Shopping Centre** 15, das **Hilton** mit seiner exklusiven **Shopping Gallery** 16 und das **Forum The Shopping Mall** 17, ein Spezialist für Kinderklamotten und Spielsachen. Jenseits der Straße Claymore Hill wird die alte Villa der **thailändischen Botschaft** 2 zunehmend von Hochhäusern bedrängt und wirkt wie ein Abgesang auf eine längst vergangene Zeit. Schon bald macht die Straße einen Knick und heißt nun Tanglin Road. Hier liegen weitere Einkaufspaläste: das **Tanglin Shopping Centre** und die **Tanglin Mall**, beide edel und luxuriös.

Erschöpft vom Kaufrausch? Der **Botanische Garten** (► S. 84) ganz in der Nähe ist ein lohnendes Ziel für den Rest des Tages.

ÖFFNUNGSZEITEN

Die großen Einkaufszentren öffnen tgl. 10–22 Uhr, manche öffnen erst um 11 und schließen um 23 Uhr. Einzelne Läden schließen auch mal früher.

INFOS

Um eine Einkaufsliste gezielt abzuarbeiten, hilft das übergeordnete Ladenregister auf www.orchardroad.org. Das sehr hilfreiche **Singapore Visitors Centre** (T 67 36 20 00, www.yoursingapore.com, tgl. 8.30–21.30 Uhr) gibt neben Stadtplänen und Einkaufstipps auch Auskunft über Ausflugsmöglichkeiten abseits der Shopping Malls.

KULINARISCHES FÜR ZWISCHENDRIN

Hier kann man nahezu überall gut essen, **Food Courts** mit vielen Essensständen finden sich u. a. im ION Orchard, 313@ Somerset, Orchard Central, Ngee Ann City und in der Tanglin Mall.

MAL AUF DIE REICHEN HERABBLICKEN?

Wo geht das besser als in der 218 m hohen Aussichtsetage **ION Sky:** Eingang im 4. Stock des **ION Orchard** 12, 2 Orchard Turn, www.ionorchard.com/en/ion-sky.html, MRT Orchard, Öffnungszeiten und Eintritt ► Website.

FÜR EINEN KULTIVIERTEN ABSACKER

Anfang der 1990er-Jahre wurde die südliche Emerald Hill Road zum Ausgehviertel Peranakan Place. In der gemütlichen **Acid Bar** 1 (180 Orchard Road, T 67 32 69 66, www.peranakanplace.com, So–Do 17–2, Fr, Sa 17–3, Happy Hour tgl. 17–21 Uhr) gibt es jeden Abend gute Livemusik junger einheimischer Künstler.

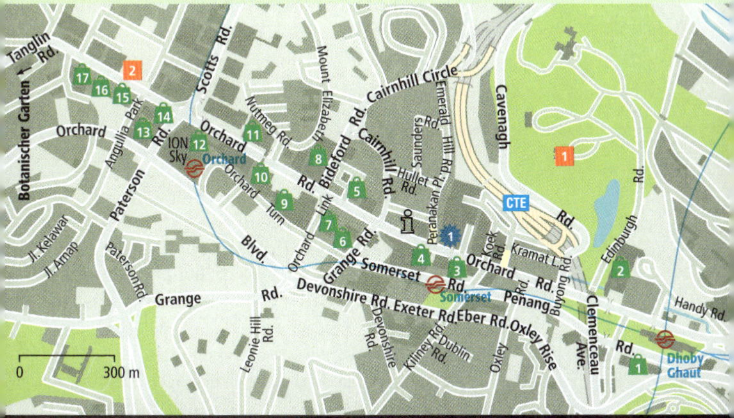

Cityplan: A–D 5/6 | MRT: Dhoby Ghaut, Somerset oder Orchard

8

Mantras, Meals und Muezzine – **Little India**

Darf es etwas würziger sein? Ein Streifzug durch die Gassen und Märkte von Little India verspricht exotische Gerüche, Farben und Klänge. Der Weg führt vorbei an hinduistischen und buddhistischen Tempeln, Moscheen und aromatisch duftenden Geschäften mit bunten Auslagen.

Unbedingt zugreifen: Im Food Centre des Tekka Market wird eine Jackfrucht zerteilt. Schmeckt reif wie eine Mischung aus Banane und Ananas.

Im Multikulti-Mosaik der Inselrepublik fällt keine Minderheit so stark ins Auge wie die indische, obwohl sie zahlenmäßig nicht die größte ist. Ihr Herzstück bildet nach wie vor das kleine Viertel, das Raffles den Indern ursprünglich zuwies. Besonders an der Hauptschlagader, der **Serangoon Road,** und ihren Nebenstraßen pulsiert das indische Leben in Geschäften, Restaurants und Tem-

peln. Nehmen Sie sich einen halben Tag Zeit und achten Sie bei Gebetsstätten auf die Öffnungszeiten.

Augen, Ohren und Nase auf!

Little India ist deutlich überschaubarer als Chinatown und bietet kaum klassische Sehenswürdigkeiten. Sein Reiz besteht vielmehr aus dem Kaleidoskop an Farben, Klängen und Gerüchen, die das bunte Straßenleben auszeichnen – am besten einfach treiben lassen! Warum nicht mal am Gewürzstand ein paar leckere Currymischungen erwerben, im Stoffladen stöbern oder den Betelnussverkäufern dabei zuschauen, wie sie Paan – die zum Genuss bereite Betelnussmischung – in Palmblätter wickeln? Am Wochenende, besonders sonntags, herrscht großer Andrang, denn dann verbringen zahlreiche Gastarbeiter vom Subkontinent hier ihren freien Tag.

Seidenschal, Sari und Bollywood-Hits

Gleich um die Ecke von der MRT-Station Little India landen Sie mitten im Gewusel des **Zhu Jiao Centres** (auch Tekka Centre genannt), eines mehrstöckigen Marktes mit Food Centre. Auf dem farbenfrohen Textilmarkt im ersten Stock findet sich vielleicht ein passendes Kleidungsstück, z. B. ein Seidenschal oder Sari. In den Seitenstraßen der Serangoon und Sungai Road hängt der Geruch von Räucherstäbchen in der Luft, aus Lautsprechern plärren Bollywood-Hits oder hinduistische Mantras. Chaotische Läden verkaufen glitzernde Armreifen, Zigaretten, Poster indischer Filmstars und Hindu-Gottheiten oder Zeitschriften in Tamil oder Hindi. In der indischen Version des Tante-Emma-Ladens stapeln sich für gewöhnlich Lebensmittel und Waren des täglichen Bedarfs, während daneben ein Girlandenverkäufer seine Blumen zusammensteckt und ein Barbier die Schnauzbärte seiner Kunden stutzt und striegelt.

Aus dem Nähkästchen plaudern

An der Ecke Clive Street und Campbell Lane sollten Sie ein Stündchen für das **Indian Heritage Centre** 1 reservieren. Es präsentiert eine gelungene Ausstellung über die ersten Kontakte zwischen Indien und Südostasien sowie die Migrationsbewegungen vom Subkontinent

Z ZIERRAT

Die zahlreichen Juweliergeschäfte in der Serangoon Road begeistern mit prächtigen, über und über verzierten goldenen Colliers, Arm-, Fußreifen, Ohr- und Nasenringen. Der Schmuck wird traditionell als Mitgift gekauft und dient der Frau als goldene Reserve für schlechte Zeiten.

Die Frage, ob Sie Ihr Essen ›hot‹ mögen, sollten Sie lieber verneinen. Die Dosis macht das Gift.

nach Malaysia und Singapur. Nicht ganz uninteressant, schließlich waren es indische Priester und Kaufleute, die Buddhismus und Hinduismus (und vielleicht sogar den Islam) nach Südostasien brachten. Welche Rolle spielten und spielen Inder in diesem Teil der Welt, welche Berufe übten Sie traditionell aus und wie vermischten Sie sich mit anderen Volksgruppen? Hören Sie sich unbedingt auch die Aufnahmen mit alten Zeitzeugen an!

Ritt auf den Sonnenstrahlen

Jenseits der Perak Road steht in der Dunlop Street die **Abdul Ghaffoor Mosque** 2, ein mit vielen Details ungewöhnlich reich verziertes Gebäude. Die Moschee ist in Little India keinesfalls fehl am Platze, denn ein nicht unbedeutender Teil der Inder Singapurs bekennt sich zum Islam. Bereits 1881 wurde an dieser Stelle ein Gebetsraum aus Holz errichtet, 1907 wurde der heutige Steinbau eingeweiht. Bemerkenswert ist seine mit farbigem Glas verzierte große Kuppel. Und sehen Sie die Sonnenuhr mit dem Halbmond über dem Eingang? Ihre 25 Sonnenstrahlen tragen die kalligrafierten arabischen Namen von 25 Propheten.

Drehwurm und Seelenheil

Schon von Weitem ist der von leuchtend bunten Skulpturen bedeckte Turm (Gopuram) des Tempels an der Ecke Belilios und Serangoon Road zu sehen. Der **Sri Veeramakaliamman Temple** 3 ist einer der eindrucksvollsten Hindu-Tempel der Stadt und Kali geweiht, der Gemahlin Shivas und Göttin der Zerstörung und Erneuerung. Auch wenn es widersinnig scheint – ihre gruselige Statue mit blutverschmierten Zähnen und einer Girlande aus Totenschädeln soll die Furcht vertreiben. Neben ihr stehen Shivas Söhne Ganesha, der Gott mit dem Elefantenhaupt, und Murugan. Gläubige läuten beim Eintreten eine der Glocken an der Eingangstür und zerbrechen eine Kokosnuss als Symbol ihrer seelischen Reinheit. Besonders viele kommen an den heiligen Tagen Dienstag und Freitag, um ein Opfer darzubringen und Kali um Beistand zu bitten. Vielleicht gewährt sie auch Ihnen einen kleinen Karma-Boost, Sie müssen lediglich eine ungerade Zahl von Runden im Uhrzeigersinn um das innere Heiligtum gehen.

INFOS

Indian Heritage Centre 1: Ecke Clive Street/Campbell Lane, T 62 91 16 01, www.indianheritage.org.sg, S$ 6, Kinder und Senioren S$ 4, Di–Do 10–19, Fr, Sa 10–20, So 10–16 Uhr, Führungen Di, Fr 14, Sa, So 11, 14 Uhr
Abdul Ghaffoor Mosque 2: 41 Dunlop Street, tgl. 9–13, 14–17, 18–19 Uhr
Sri Veeramakaliamman Temple 3: 141 Serangoon Road, www.sriveeramakaliamman.com, tgl. 8–12.30, 16–20.30 Uhr
Sri Srinivasa Perumal Temple 4: 397 Serangoon Road, tgl. 6.30–12, 18–21 Uhr
Leong San See Temple 5: 371 Race Course Road, tgl. 7.30–17 Uhr
Temple of 1000 Lights 6: 336 Race Course Road, tgl. 8–16.45 Uhr
Zhu Jiao Centre 1: (Tekka Centre), 665 Buffalo Road, tgl. 6.30–21 Uhr

AUF DEM BANANENBLATT

Die größte Auswahl zum Mittag- oder Abendessen findet sich entlang der Chandler und Race Course Road. Ein exotisches Erlebnis sind **Banana Leaf Restaurants,** in denen Currygerichte auf Bananenblättern serviert und anschließend mit der rechten Hand gegessen werden. Beliebt ist das seit 1974 bestehende **Banana Leaf Apolo** 1 (54 Race Course Road, T 62 93 86 82, www.thebananaleafapolo.com, tgl. 10.30–22.30 Uhr, S$ 9–22 (auch teurere Gerichte bis S$ 44) mit stadtbekanntem Fish Head Curry, saftigem Tandoori Chicken und würzigen Chili Prawns; mittags gibt's günstige Menüs (›Meals‹)).

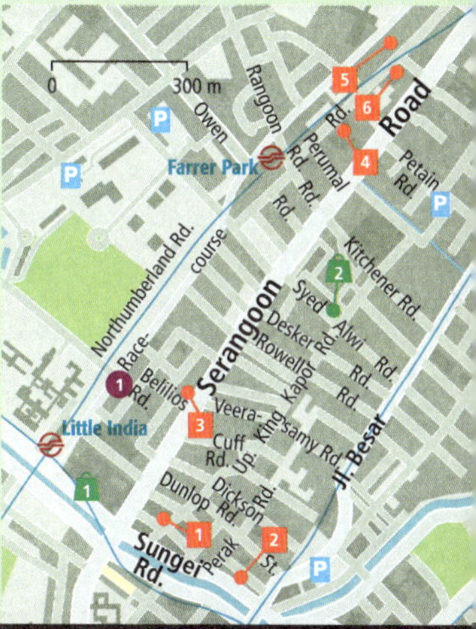

Cityplan: E/F 4/5 | **MRT:** Little India oder Farrer Park

K
KNIGGE

Tempel und Moscheen niemals mit Schuhen betreten, die Kleidung sollte Arme und Beine (bis zu den Knöcheln) bedecken. In Moscheen und Sikh-Tempeln sollte bei Frauen der Kopf bedeckt sein, in chinesischen Tempeln nimmt man die Kopfbedeckung ab. Nicht-Muslime können Moscheen außerhalb der Gebetszeiten betreten, am besten zwischen 9 und 12 Uhr, zur Hauptgebetshalle haben aber nur (männliche) Muslime Zutritt. Menstruierende Frauen haben sich nach islamischem und hinduistischem Glauben Moscheen und Tempeln fernzuhalten.

Göttliche Nachbarschaft

Bevor Sie an der Station Farrer Park wieder in die MRT steigen, bietet sich der Besuch einiger Tempel in der Umgebung an. Der hinduistische **Sri Srinivasa Perumal Temple** 4 an der Ecke Perumal und Serangoon Road ist Vishnu in seiner Inkarnation als Perumal gewidmet. Neun solcher Inkarnationen finden Sie unter den Skulpturen, die den 20 m hohen Eingangsturm bedecken. Zum Thaipusam-Fest beginnt hier die große und beeindruckende Prozession zum Tempel Layan Sithi Vanayagar in der Keong Saik Road. Einige Teilnehmer wandeln dabei in Trance und perforieren ihre Haut mit Haken und Nadeln.

Der alte chinesische **Leong San See Temple** 5 in der Race Course Road wird wegen seiner irdenen Drachenfiguren auf dem Dach auch Dragon Mountain Temple genannt. In der Haupthalle befinden sich Statuen von Kuan Yin, der Göttin der Barmherzigkeit, und Buddha.

Der **Temple of 1000 Lights** 6 (Sakaya Muni Buddha Gaya) schräg gegenüber ist ein Tempel des Theravada-Buddhismus im Stil eines thailändischen Wat, und tatsächlich wurde er 1927 von einem thailändischen Mönch errichtet. Das Herzstück bildet eine 15 m hohe und 300 t schwere bemalte Statue eines sitzenden Shakyamuni-Buddhas, umrahmt von zahllosen Glühlämpchen, die dem Tempel seinen Namen gaben. Zum höchsten buddhistischen Feiertag Vesak (an einem Vollmondtag im Mai/Juni), in Gedenken an Geburt, Erleuchtung und Tod des Buddhas Siddharta Gautama, bedecken Scharen von Gläubigen den Buddha mit Blattgold, bis er funkelt wie ein Stern. Ein Blick auf das Fresko an seiner Basis zeigt Szenen aus dem Leben des Buddha.

UM DIE ECKE

Im rund um die Uhr geöffneten **Mustafa Centre** 2 (145 Syed Alwi Road, www.mustafa.com.sg, 24 Std.) geht es auf sechs Stockwerken und 37 000 m² Verkaufsfläche zu wie auf einem Basar. Das bei asiatischen Touristen und Schnäppchenjägern beliebte Kaufhaus hat ein gigantisches Warenangebot und äußerst günstige Preise. Viele Produkte stapeln sich bis unter die Decke.

Das malaiische Viertel – **Kampong Glam**

9

Nicht nur geografisch führt Singapur ein Inseldasein. Als überwiegend chinesischer Stadtstaat in einem Ozean malaiischer Völker ragt es auch kulturell zwischen seinen Nachbarländern hervor. Grund genug, im traditionellen Viertel der Muslime nicht nur die große Moschee zu besuchen, sondern auch die Kultur der Malaien besser kennenzulernen.

In Kampong Glam verläuft das Leben in beschaulichen Bahnen, und regelmäßig schallt der Gebetsruf von der großen Sultan-Moschee über die Dächer. In der **Arab, Baghdad** und **Bussorah Street** bieten Läden ihre Souvenirs, Textilien in leuchtenden Farben, Korb- und Lederwaren, Halbedelsteine oder aromatische Öle feil. Die touristische Fußgängerzone um die südliche Bussorah Street

Das Klischee schlägt zurück: In Kampong Glam zieren zahlreiche Wandmalereien, vulgo Graffiti, die Häuser.

INFOS

Sultan Mosque 1: North Bridge Road, www.sultanmosque.sg, Sa–Do 9.30–12, 14–16, Fr nur 14.30–16 Uhr
Malay Heritage Centre 2: 85 Sultan Gate, T 63 91 04 50, www.malayheritage.org.sg, Di–So 10–18, letzter Einlass 17.30 Uhr, S$ 4, Kinder und Senioren S$ 2, Führungen Di–Fr 11, Sa 14 Uhr

APP

Das Malay Heritage Centre bietet mit Kampong Glam Heritage Trail, www.malayheritage.org.sg/en/visit/trails/kampong-gelam-heritage-trail, eine kostenlose App für iOS und Android, die historische Hintergründe zu ausgewählten Ecken und Gebäuden entlang dreier Spazierrouten liefert.

MUSLIMISCH-INDISCHE KÜCHE

Generationen von Singapurern haben in dem 110 Jahre alten muslimisch-indischen **Zam Zam Restaurant** 1 (697 North Bridge Road, T 62 98 70 11, tgl. 7–23 Uhr) die Spezialität des Hauses verzehrt: die angeblich besten Murtabak-Pfannkuchen der Stadt. Auch das Nasi Biryani (gewürzter Reis mit Huhn oder Lamm) ist lecker. Hier werden Sie für unter S$ 10 garantiert satt! Das Treiben der Passanten beobachten können Sie im halboffenen **Kampong Glam Cafe** 2 (17 Bussorah Street, T 93 85 94 52, www.kgglamcafe.com, tgl. 8–2 Uhr). Serviert werden u. a. 14 Varianten von Nasi Goreng, knallbuntes malaiisches Gebäck und der typische Teh Tarik, mit süßer Kondensmilch vermengter schwarzer Tee, der durch mehrmaliges Umgießen in ausholenden Bewegungen (*tarik* = ziehen) eine Schaumkrone erhält.

Cityplan: F/G 6 | **MRT:** Bugis

N
NACHGEDACHT

»In unserer Eile, Singapur umzubauen, haben wir viele alte und malerische Gebäude abgerissen. Dann erkannten wir, dass wir dabei waren, einen kostbaren Teil unseres kulturellen Erbes zu zerstören (...)«, gestand der frühere Premierminister Lee Kuan Yew im Jahr 1995.

ist auch bei Singapurern beliebt, die abends in den gemütlichen Cafés und Restaurants libanesisch, türkisch oder ägyptisch essen und starken Kaffee schlürfen.

Von wegen Dorf!

Als Stamford Raffles 1823 nach Bevölkerungsgruppen getrennte Wohnviertel schuf, wies er den Malaien, Bugis und Javanern das malaiische Dorf Kampong Glam zu. Bald ließen sich hier auch arabische und indische Händler nieder. Sein kleinstädtisches Antlitz trügt über die Nähe des Viertels zum Stadtzentrum hinweg – bereits an der Kreuzung von Ophir Road und Beach Road rückt das neue Zeitalter in Gestalt kühner Hochhäuser den alten Shop Houses auf die Pelle.

Schönste Moschee Singapurs

Die mächtige **Sultan Mosque** 1 erhebt sich über die alten Ladenhäuser und wurde 1824 in Folge des Vertragsabschlusses von Raffles mit Sultan Hussein von Johor-Riau erbaut. Der heutige Prachtbau mit dem goldenen Kuppeldach entstand jedoch erst 100 Jahre später. Er bietet Platz für 5000 Gläubige und ist somit die größte Moschee weit und breit. Seinen Gebetsraum können Sie übrigens auf Google Street View in Rundumsicht bestaunen.

Was einen Malaien ausmacht

Ein paar Schritte nordöstlich präsentiert das in einer ehemaligen Sultansresidenz untergebrachte **Malay Heritage Centre** 2 seine ansprechende Ausstellung über die Geschichte des Viertels und seiner Bewohner. Neben der Rolle des Meeres für die malaiische Identität werden ihre Alltagskultur, Architektur und Schifffahrt sowie Literatur, Musik und Theater beleuchtet. Im benachbarten **Herb and Spice Garden** 3 können Sie sich mit endemischen Nutzpflanzen der malaiischen Völker vertraut machen.

Genau hinschauen: Die Moscheekuppeln sind mit den Böden von Glasflaschen dekoriert – die Spende armer Muslime für den Neubau der Sultan Mosque.

J JAWI

Am Eingang zum **Malay Heritage Centre** 2 finden Sie den Titel der Einrichtung auch in arabischer Schrift. Die Malaien nutzen diese Schrift seit ihrer Islamisierung im 13. und 14. Jh. und erweiterten sie um einige Buchstaben. Diesem erweiterten arabischen Alphabet gaben sie den Namen Jawi. Im 17. Jh. begann die Umschrift in lateinische Buchstaben, wie sie heutzutage verbreitet ist. Allerdings findet Jawi im religiösen und kulturellen Kontext noch immer Verwendung.

10

Auf zu neuen Ufern – **Marina Bay**

›Explore, exchange, entertain‹: Unter diesem Slogan beeindruckt das um eine künstliche Bucht angelegte Viertel mitten im Zentrum mit futuristischer Hochglanzarchitektur, fotogener Stadtkulisse und Attraktionen der Superlative. Wie eine kleine Wunderwelt ist dieser Stadtteil beispielhaft für den Fortschrittsglauben der Singapurer.

Immerhin sechs Jahre war der Singapore Flyer das höchste Riesenrad der Welt. Dann musste er den Titel 2014 an den High Roller in Las Vegas abgeben – mit nur 3 m Höhenabstand.

Zu den aufwendigsten Vorhaben, mit denen die begrenzte Inselfläche kontinuierlich erweitert wird, zählt das Viertel um die Marina Bay, das seit der Jahrtausendwende komplett auf aufgeschüttetem Land entstanden ist. Kaum zu glauben, wie aus dem (Meeres-)Boden gestampfte Komplexe und Parks in so kurzer Zeit das altehrwürdi-

ge Raffles Hotel, das früher an der Küste lag, in die zweite Reihe verdrängen konnten. Nehmen Sie sich einen Tag Zeit, denn es gibt viel zu entdecken und obendrein bekommen Sie einen guten Eindruck davon, wie Metropolen der Zukunft einmal aussehen könnten.

Quelle des Reichtums

Östlich der Beach Road liegen große Einkaufszentren, Luxushotels, ein Messezentrum und die hoch aufragenden Bürogebäude der Suntec Towers. Inmitten dieser Hochhäuser sprudelt einer der größten Brunnen der Welt, der mit **Fountain of Wealth** 1 wohl auch einen der vollmundigsten Titel trägt. Der Name bezieht sich auf das nach innen fließende Wasser, im Feng Shui ein Symbol für sich anhäufenden Reichtum. Die riesige Fontäne wird von kleineren Fontänen umringt, die von 20 bis 21 Uhr zu Musik in verschiedenen Farben beleuchtet werden. Von 10 bis 12, 14 bis 16 und 18 bis 19.30 Uhr wird die große Fontäne abgestellt und man kann die kleineren Wasserspiele berühren, was angeblich Glück bringen soll.

Entlang der Uferpromenade liegen Restaurants und Bars sowie **The Float** 2, mit 30 000 Zuschauerplätzen die größte schwimmende Bühne weltweit. Ihre Kulisse könnte kaum majestätischer sein, denn von hier blicken Sie auf die Skyline des Financial District und das Marina Bay Sands links davon; was aussieht wie eine zu groß geratene Eierschale ist das **ArtScience Museum** 3 (▶ S. 79).

Die Stadt zu Füßen

Am südöstlichen Zipfel von Marina Centre erhebt sich jenseits des East Coast Parkway der 165 m hohe **Singapore Flyer** 4. Das S$ 240 Mio. teure Riesenrad wurde 2008 nach dem Vorbild des London Eye eröffnet, überragt dieses aber um ganze 30 m. Auf der halbstündigen Rundfahrt mit atemberaubender Rundumsicht sehen Sie die Quellen des singapurischen Wohlstands: in der einen Richtung die Hochhäuser des Bankenviertels und die Marina Bay South, in der anderen die winzig wirkenden Kolonialbauten am Padang und die Häuserzeilen am Singapore River. Auch die kleine Merlion-Statue (▶ S. 21) und die Krä-

Ü
ÜBRIGENS

Eines der größten Spektakel an der nördlichen Marina Bay ist das jährliche Formel-1-Rennen **Formula 1** um den Großen Preis von Singapur. Der 5 km lange Rundkurs mit vielen engen Kurven wird bei Nacht gefahren und beginnt und endet am F1 Pit nördlich vom **Singapore Flyer** 4. Rund um das Rennen treten hochkarätige Musikacts auf und die Tickets sind natürlich wahnsinnig teuer. Nachdem die Regierung 2017 eine Vertragsverlängerung zunächst abgelehnt hatte, steht das Rennen für die Saison 2018 nun doch wieder auf der Liste (www.singaporegp.sg). Ein Grund könnte sein, dass das benachbarte Malaysia den Großen Preis von Kuala Lumpur nicht mehr austrägt und Singapur dadurch für die Vertragsnehmer interessanter wird.

F
FROHES NEUES!

Die Feiertage zum chinesischen Neujahr im Januar/Februar (Neumond) gehören traditionell der Großfamilie und erstrecken sich über 15 Tage. Highlights sind der einwöchige **Singapore River Hong Bao** (www.riverhongbao.sg), ein Jahrmarkt an der Waterfront Promenade, und die bunte **Chingay Parade** (www.chingay.org.sg) am F1 Pit Building nordwestlich des Singapore Flyers mit Löwen- und Drachentänzen, maskierten Stelzenläufern und opulenten Festwagen.

ne des Containerhafens weiter südwestlich sind zu erkennen. Tipp: Kurz vor der Abenddämmerung taucht das in den Glasfassaden gespiegelte Licht alles in warme Farben – falls es nicht gerade regnet.

Über diese Brücke musst du gehn

Es hat schon etwas Sinnbildliches, wenn Sie nun über die **Doppelhelix-Fußgängerbrücke** 5, eine der menschlichen DNA nachempfundene Röhre aus Glas und Stahl, nach Marina Bay South laufen, der vorläufigen Krone der Schöpfung in der Evolution von Singapurs Stadtlandschaft. Sie überqueren dabei das Marina Basin, ein Wasserreservoir für die durstige Stadt und zugleich Hochwasserschutz. Seine begehbare Staumauer **Marina Barrage** 6 grenzt am Westufer an die **Sustainable Singapore Gallery** 7, wo unter einem begrünten Dach über die ökologisch nachhaltige Stadtplanung informiert wird. Auf dem Weg dorthin liegen jedoch weitaus spannendere Attraktionen.

Steifer Nacken garantiert

Achten Sie darauf, keinen steifen Nacken zu bekommen, denn Sie werden jenseits der Brücke bestimmt des Öfteren staunend nach oben sehen. Der Grund sind die drei imposanten Hochhäuser des umgerechnet rund 4,6 Mrd. € teuren **Marina Bay Sands** 1, mit 2560 Zimmern das größte Hotel der Stadt. Als Inspiration diente den Architekten das Bild eines Kartenhauses: Wie eine gigantische surfbrettförmige Arche verbindet der **SkyPark,** ein 340 m langer spektakulärer Dachgarten die konkav geformten Türme in 191 m Höhe. Er bietet Platz für den 146 m langen Überlaufpool des Hotels, aber auch Edel-Restaurants, eine **Skybar** (► S. 108) und eine öffentliche Aussichtsplattform. In den unteren Etagen befindet sich eine Lifestyle-Shoppingmall mit Schlittschuhbahn und beeindruckendem gläsernem Regentrichter, hochpreisigen Restaurants und exklusiven Bars. Und als wäre das alles noch nicht genug, lädt ein gigantisches Kasino rund um die Uhr an die Spieltische; Einheimische müssen S$ 100 Eintritt zahlen – damit will die Regierung der Spielsucht vorbeugen. Ausländer haben hingegen freien Eintritt, wenn sie mindestens 21 Jahre alt sind.

Auch von unten betrachtet ist das Marina Bay Sands Hotel ein HIngucker.

Vom anderen Stern

Im Osten des Marina Bay Sands können Sie die S$ 1 Mrd. teuren **Gardens by the Bay** 8 erkunden, die locker einen halben Tag in Anspruch nehmen können. Ihre Gesamtfläche von 100 ha wird von

INFOS

Singapore Flyer 4: 30 Raffles Avenue, T 63 33 33 11, www.singaporeflyer.com, tgl. 8.30–22 Uhr, S$ 33, Kinder S$ 21, mit Cocktail 14.30, 16.30 und stdl. 18.30–21.30 Uhr S$ 69
Sustainable Singapore Gallery 7: 8 Marina Gardens Drive, T 65 14 59 59, www.pub.gov.sg, Mi–Mo 9–21 Uhr, Eintritt frei
Marina Bay Sands 1: 10 Bayfront Avenue, T 66 88 88 68, www.marinabaysands.com, Aussichtsplattform Mo–Do 9.30–22, Fr–So 9.30–23 Uhr, S$ 23, Kinder S$ 17, Senioren S$ 20
Gardens by the Bay 8: www.gardensbythebay.com.sg, **Flower Dome** 9 und **Cloud Forest** 10: 9–21 Uhr, S$ 28, Kinder S$ 15; Sun Pavilion: 9–21 Uhr, Eintritt frei; **Far East Organization Children's Garden** 12: Di–Fr 10–19, Sa, So 9–21 Uhr, Eintritt frei; **Supertree Grove** 13 und **Heritage Gardens** 14: 5–2 Uhr, Eintritt frei (OCBC Skyway zwischen den Supertrees tgl. 9–21 Uhr, S$ 8, Kinder S$ 5)

KULINARISCHES FÜR ZWISCHENDRIN

Für den Hunger zwischendurch empfehlen wir die leckeren gegrillten Fleischspieße im halboffenen Food Court von **Satay by the Bay** 1 (westlich der Barrage Cove, www.sataybythebay.com.sg, tgl. 8–23 Uhr, S$ 7–20), wo an mehreren Ständen neben der Halal- auch die Schweinefleisch-Variante verkauft wird; Seafood, Dim Sum und Nudelgerichte.

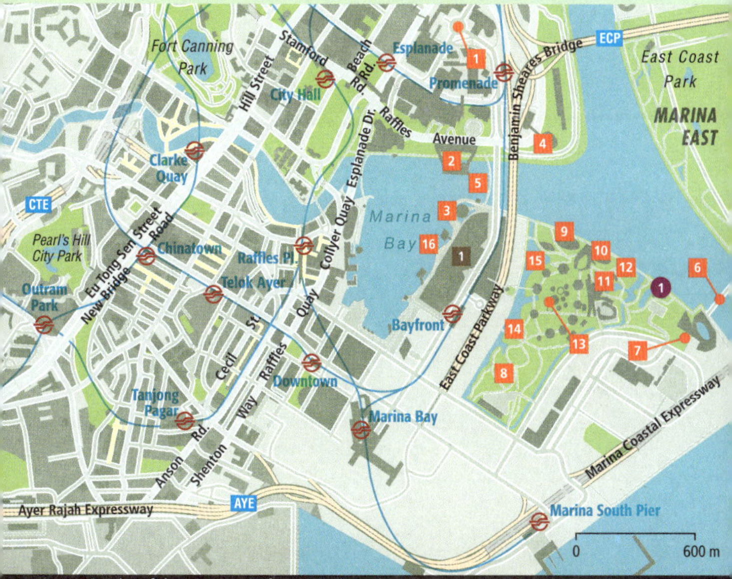

Karte: G 8 | Anfahrt: MRT: Bayfront, Esplanade, Marina Bay oder Promenade

Teuerster Selfie-Spot Singapurs: der Infinity Pool auf dem Dach des Marina Bay Sands Hotels ist den Hotelgästen vorbehalten.

zwei riesigen, geschwungenen Gewächshäusern mit über 100 000 Pflanzen dominiert: Der 1,2 ha große **Flower Dome** 9 simuliert das milde und trockene Klima der Mittelmeerregion und der Subtropen, während der 54 m hohe Bau des **Cloud Forest** 10 Pflanzen beherbergt, die in tropischen Bergregionen bis 2000 m Höhe wachsen. Sein Zentrum bildet ein 35 m emporragender Nachbau eines Bergfelsens, der – selbstverständlich – mit einem Aufzug und einem künstlichen Wasserfall ausgestattet ist. Im **Sun Pavilion** 11 dahinter gedeihen Wüstenblumen und Kakteen aus den trockensten Winkeln der Erde – die größte Kaktussammlung Südostasiens. Kinder können sich im großen **Far East Organization Children's Garden** 12 mit fantasievoll gestaltetem Spielplatz, Kletternetz, Brücken und Seilen austoben, Wasserfontänen sorgen für Abkühlung.

Geradezu außerirdisch wirken die ›Bäume‹ der **Supertree Grove** 13 – 25 bis 50 m hohe Stahlkonstruktionen, 18 an der Zahl, die Tropenbäumen nachempfunden sind. An ihren Stämmen wachsen über 200 Pflanzenarten. Sie sind teils mit Laufstegen verbunden, mit Solarzellen ausgestattet und pulsieren abends in leuchtenden Farben. Auf der nordwestlichen Seite können Sie durch vier **Heritage Gardens** 14 spazieren, die durch typische Pflanzen, Statuen und Gebäude verschiedene Bevölkerungsgruppen repräsentieren: Neben einem chinesischen, einem indischen und einem malaiischen Garten wird im Colonial Garden die Gartenkultur der britischen Kolonialmacht berücksichtigt. Und wenn es nicht zu heiß ist, laufen Sie doch ein Stück auf dem 440 m langen Boardwalk am schmalen **Dragonfly Lake** 15. Bestimmt erspähen Sie hier schöne Libellen!

Si-Sa-Supertree!

UM DIE ECKE

Ein paar Schritte südlich vom **ArtScience Museum** 3 wird um 20 und 21 Uhr (Fr, Sa auch 22 Uhr) zwischen den ›schwimmenden‹ Pavillons die 15-minütige **Light & Water Show Spectra** 16 mit orchestralem Soundtrack, Wasserfontänen und einem 12 m hohen Glasprisma aufgeführt. Die stimmungsvoll in den Sprühnebel projizierten Farben und Bilder sind absolut sehenswert und ein schöner (und kostenloser) Ausklang des Tages!

Eine Insel zum Vergnügen – **Sentosa Island**

#11

Wenn Sie oder Ihre Kinder Freude an Themenparks haben, dann ist Sentosa Island genau das Richtige für einen gelungenen Familienausflug. Der Universal-Studios-Themenpark sowie ein hervorragendes Aquarium, ein Schmetterlingspark, Museen und tropische Badelagunen sorgen für die richtige Mischung auf der Insel.

Die etwa 5 km² große Insel im Süden von Singapur, 500 m von der MRT HarbourFront (unter dem VivoCity) entfernt, ist mit der Hauptinsel durch einen Damm (Sentosa Gateway) verbunden. Für einen Besuch kann ein ganzer Tag eingeplant werden, beachten Sie aber, dass am Wochenende die Preise teils steigen und viel Betrieb

Der Sand für die Strände wurde aus Indonesien und Malaysia rangekarrt, der Name Sentosa, ›Frieden‹, entstammt einem Marketing-Wettbewerb – sei's drum, schön ist's.

Ü ÜBRIGENS

Die meisten Sehenswürdigkeiten liegen in der oberen Preisklasse, ganz abgesehen vom Kasino. Dafür sind Außenanlagen und Strände kostenlos. Tgl. um 20 Uhr findet an der nördlichen Waterfront eine kostenfreie, von Musik untermalte Show mit Feuer-, Wasser- und Lasereffekten statt: Zwei 25 m hohe, computergesteuerte Stahlkonstruktionen werden mit vielen technischen Raffinessen zum Leben erweckt und führen den **Crane Dance** 4 auf, der ein verliebtes Kranichpaar darstellen soll. Eine ähnliche Show gibt es tgl. um 23 Uhr am **Lake of Dreams** 5 weiter südlich. Der Besuch der Tiershows im **Palawan Amphitheatre** 6 um 14 und 17 Uhr kostet ebenfalls nichts. Sofern Sie keine Höhenangst haben, machen Sie auf dem Weg zum **Fort Siloso** 7 doch einen Spaziergang auf dem elf Stockwerke hohen **Siloso Skywalk** 8, einer kostenlosen, 181 m langen Aussichtsbrücke, die hinter der Underwater World beginnt und am Fort endet.

herrscht. In den Schulferien und an Feiertagen wird es sogar so voll, dass ein Besuch besser auf ein anderes Mal verschoben wird.

Vom Piratennest zum Entertainment-Mekka

Vor der Ankunft der Briten diente das Eiland als letzte Ruhestätte für Piraten und war unter dem Namen Pulau Blakang Mati (›Insel hinter dem Tod‹) bekannt. 1972 wurde sie in Sentosa (malaiisch: ›Ruhe und Frieden‹) umbenannt und zu Singapurs erstem Themenpark nach amerikanischem Vorbild ausgebaut. Ihre insgesamt 3,2 km langen Sandstrände und Lagunen wurden künstlich angelegt – der schneeweiße Sand wurde in Indonesien und Malaysia abgetragen und schließlich hier aufgeschüttet. Im Südosten liegen zwei große Golfplätze und dennoch verblieb inmitten der durchgestylten Landschaft erstaunlich viel Platz für naturbelassene Areale. Im Westen führt beispielsweise der **Nature Walk,** ein 1,8 km langer Lehrpfad, durch das **Mount Imbiah Nature Reserve** 1.

Palast für Zocker

In den letzten Jahren entstand der große Freizeit- und Ferienkomplex **Resorts World Sentosa** mit Unterkünften, einem Kasino, einem Theater, Restaurants und Cafés. Große Luxushotels und einige Attraktionen umgeben die zentrale, stufenförmige Plaza des **FestiveWalk** 2, die 3000 Zuschauer fassen kann. Im Untergeschoss des Festive Hotels lockt das glitzernde, rund um die Uhr geöffnete **Casino** 3 mit beeindruckenden hohen Hallen mit kunstvoll verdrehten, erleuchteten Säulen, riesigen Glasdecken und Videoinstallationen an den Rolltreppen vor allem Chinesen an, denn Malaien und anderen Muslimen ist das Glücksspiel untersagt. Neben den Spieltischen warten 2400 Automaten auf Zocker.

Finden Sie Nemo!

Nicht entgehen lassen sollten Sie sich einen Besuch im beeindruckenden **S.E.A. Aquarium** 9 nordwestlich der Waterfront Station. Es ist das größte Ozeanium der Welt und beherbergt 100 000 Lebewesen von über 800 Spezies in unglaublichen 45 Mio. Litern Wasser! Die nach

Kommen Sie direkt nach Öffnung des Aquariums und Sie haben den kleinen Clownfisch (fast) für sich allein.

Regionen geordneten Themenbereiche führen durch die Ozeane und Seen unseres Planeten. Zu den skurrilsten Bewohnern zählen sicherlich die furchteinflößenden Japanischen Riesenkrabben. Atemberaubend sind der gigantische Open Ocean Tank mit Blick auf Haie, Rifffische und sanft vorbeischwebende Mantarochen sowie der große Haitunnel. Auch ein künstliches Wrack mit für die Java-See typischen Bewohnern kann bestaunt werden. Im angeschlossenen **Maritime Experimental Museum** dreht sich alles um die Geschichte der asiatischen Seefahrt und der ›maritimen Seidenstraße‹. Unter anderem finden Sie hier den Nachbau eines riesigen chinesischen Segelschiffs aus dem 15. und eine arabische Dau aus dem 9. Jh.

Hollywood in Sillypore

Auf der zentralen Plaza der Resorts World Sentosa posieren Doppelgänger und lebensgroße Figuren bekannter Hollywoodgrößen für Fotos und bereiten Sie auf das vor, was jenseits der Monorail-Trasse wartet: die **Universal Studios Singapore** 10, ein nach amerikanischem Vorbild entwickelter Themenpark. Unter den 20 aufwendigen Rides für Groß und Klein finden sich spannende Highlights wie eine Wildwasserfahrt mit Dinosauriern aus dem Jurassic Park, die beiden Hochgeschwindigkeitsachterbahnen von Battlestar Galactica oder eine actiongeladene 3D-Fahrt in die Welt der Transformers. Im New-York-Viertel können Sie erleben, wie ein Bootshaus von einem gewaltigen Sturm verwüstet wird, oder einfach mal Ernie und Bert Hallo sagen.

Festung an falscher Stelle

Das 1890 erbaute **Fort Siloso** 7 an der Westspitze der Insel war im Zweiten Weltkrieg eine von zwölf Geschützanlagen entlang der Küste und ist heute die einzige erhaltene Festung dieser Zeit. Wenn Sie noch nicht in der Battle Box (▶ S. 37) waren, können Sie hier neben Geschützen, Bunkern, Kasernen und Tunnel eine Ausstellung über die damaligen Ereignisse besichtigen. Die britische Kolonialregierung ging zu jener Zeit von einer Seeinvasion der Japaner aus, sodass die von der malaiischen Halbinsel im Norden angreifenden Japaner nur auf sehr geringen Widerstand stießen. Nach 14 Tagen kapitulierte das Empire, etwa 130 000 britische, australische und indische Soldaten gerieten in Kriegsgefangenschaft und die für uneinnehmbar gehaltene ›Festung Singapur‹ war gefallen.

Auf Tuchfühlung mit den Stars

Wenn Sie schon immer einmal neben Mahatma Gandhi, Cristiano Ronaldo oder Queen Elizabeth II. stehen wollten, können Sie sich mit ihren Wachskopien und denen zahlreicher anderer Berühmtheiten bei **Madame Tussauds Singapore** 11 an der Imbiah Station ablichten lassen. Dabei sind auch asiatische VIPs wie Singapurs Gründervater Lee Kuan Yew anzutreffen. Zudem erweckt die Ausstellung **Images of Singapore Live!** die Geschichte des Inselstaates mit Multimedia, Figuren und Schauspielern zum Leben. Leider ist das Ganze für das Gebotene doch ziemlich überteuert.

UM DIE ECKE

Die Insel hat besonders für Kinder noch einiges mehr zu bieten. So lohnt ein Besuch im **KidZania Singapore** 12 (www.kidzania.com.sg), wo sie spielerisch 47 Berufe ausprobieren können – auch in Mini-Outlets bekannter Unternehmen, die das Projekt sponsern.

Im **Adventure Cove Waterpark** 13 (www.rwsentosa.com/Homepage/Attractions/AdventureCoveWaterpark) kommen Wasserratten voll auf ihre Kosten. Neben spektakulären Wasserrutschen können sich Besucher auf Schwimmreifen treiben lassen und über ein künstliches Riff hinweg schnorcheln.

INFOS/ÖFFNUNGSZEITEN

Die **Visitor Arrival Centres** in **VivoCity** und in der **Beach Station** verkaufen Tickets und halten Faltblätter, eine Karte der Insel sowie viele praktische Informationen bereit. Beim Besuch mehrerer Sehenswürdigkeiten kommt eine Sammelkarte günstiger. Im Web informieren www.sentosa.com.sg und www.rwsentosa.com, für Naturinteressierte gibt es die Smartphone-App Nature@Sentosa für Android und iOS.
Casino at Resorts World Sentosa 3: T 65 77 88 88, www.rwsentosa.com/Homepage/Casino, Mindestalter 21 Jahre, Dresscode beachten, ► S. 104
Fort Siloso 7: www.sentosa.com.sg/explore/attractions/fort-siloso, zusätzliche Infos auf www.fortsiloso.com, tgl. 10–18 Uhr, letzter Einlass 17 Uhr, Eintritt S$ 6, Kinder/Senioren S$ 4,50
S.E.A. Aquarium 9: www.rwsentosa.com/Attractions/SEAAquarium, tgl. 10–19 Uhr, Eintritt inkl. Maritime Experimental Museum S$ 34, Kinder S$ 24
Universal Studios Singapore 10: T 65 77 88 88, www.rwsentosa.com/Attractions/UniversalStudiosSingapore, tgl. 10–19, teils 10–20 Uhr, S$ 76, Kinder S$ 56, Senioren S$ 38, für einen Aufpreis von mindestens S$ 30 können die langen Warteschlangen umgangen werden
Madame Tussauds Singapore 11: www.madametussauds.com/Singapore, Mo–Fr 10–18, Sa, So 10–19.30 Uhr, S$ 39 inkl. Images of Singapore Live!, Kinder S$ 29, online günstiger

VON A NACH B

Der **Monorail Sentosa Express** von VivoCity (MRT HarbourFront) fährt zu den drei Stationen auf der Insel (S$ 4): Waterfront (Resorts World Sentosa und Universal Studios), Imbiah Station und Beach Station; wer über den Boardwalk läuft, zahlt nur S$ 1. Das Singapore Cable Car fährt für S$ 29, Kinder S$ 18, zwischen Sentosa, Harbour Front und Mount Faber (► S. 64). Die ganze Fahrt dauert 12 Min. und bietet schöne Ausblicke auf die Stadt. Auf der Insel gibt es drei farblich markierte kostenlose Buslinien sowie die Beach Tram entlang der Strände. Eine kleinere Gondelbahn pendelt für S$ 13, Kinder S$ 8, vom Merlion (Madame Tussauds) via Imbiah Lookout (Nature Trail) zum Siloso Point (beim Siloso Skywalk).

Cityplan: Karte 3, E 5 | MRT: HarbourFront

12

Tropische Natur im Zentrum – **die Southern Ridges**

Warum Singapur zu den lebenswertesten Metropolen weltweit zählt, wird bei einer Wanderung entlang der Southern Ridges schnell deutlich. Trotz der Bevölkerungsdichte bleiben große Grünflächen erhalten und werden für die Bevölkerung attraktiv und zugänglich gestaltet.

Manchmal tut es gut, den Trubel der Innenstadt hinter sich zu lassen und in die tropische Natur einzutauchen. Wer dieses andere Singapur kennenlernen möchte, sollte einen mindestens zweistündigen Spaziergang vom **Mount Faber** zum **Kent Ridge Park** unternehmen. Die Besonderheit der Southern Ridges liegt in den nahtlosen Übergängen von einem Park in den nächsten, ohne stark befahrene Straßen überqueren zu müssen. Auf der 10 km langen Strecke bieten Aussichts-

Hinter der Welle geht's weiter: von der Henderson-Waves-Fußgängerbrücke aus stabilem Balau-Holz zu den Urwaldriesen des Telok Blangah Hill Parks

punkte spektakuläre Panoramablicke auf das Stadtzentrum, Teile des Hafens und die vorgelagerte Ferieninsel Sentosa, aber auch Einblicke in den Alltag der Singapurer, die gern zum Joggen hierher kommen oder bei einem Familienausflug Entspannung suchen. Nehmen Sie ausreichend Wasser mit! Wenn es zu heiß werden sollte, können Sie an vielen Wegpunkten in klimatisierte Busse umsteigen.

Aller Anfang ist schwer

Nahe dem Ausgang der MRT-Station HarbourFront führen verschiedene Wege den 105 m hohen **Mount Faber** hinauf, der von dichtem Sekundärwald bedeckt ist. Nehmen Sie am besten den 350 m langen **Marang Trail** 1, der neben Exit D beginnt und über Stufen durch den Wald hinaufführt. Die nach dem britischen Ingenieur Charles Edward Faber benannte Erhebung wurde ab 1845 als Signalstation genutzt, wobei es sich nicht um ein Leuchtfeuer handelte, das Schiffen den Weg wies, sondern um einen der ersten optischen Telegrafen Südostasiens, der mittels Spiegeln die Kommunikation mit Schiffen ermöglichte. Leider wurde der Bau 1994 abgerissen. Auf der dritthöchsten Erhebung der Insel erstreckt sich heute der **Mount Faber Park.**

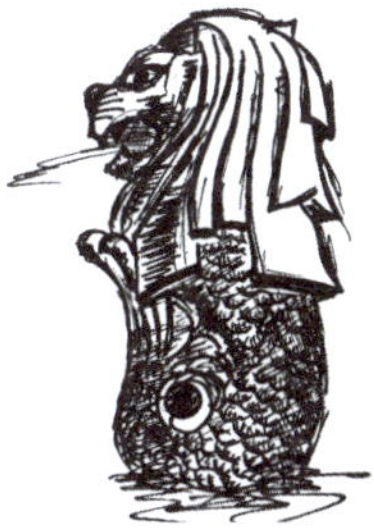

Auch die kleine Merlion-Statue ist hübsch anzusehen. Das größere Exemplar finden Sie am Singapore River.

Wo die Glocken läuten

Nach dem kurzen, aber recht schweißtreibenden Aufstieg werden Sie mit spektakulären Ausblicken auf das Stadtzentrum, den Hafen und die geschäftige Keppel Bay belohnt. Bei klarem Wetter können sogar die benachbarten indonesischen Inseln erspäht werden. Etwas weiter westlich können Sie sich im **Faber Peak Singapore** 1 stärken. Von hier fährt eine Seilbahn zur Vergnügungsinsel Sentosa (► S. 59). Ein paar Schritte weiter treffen Sie auf die **Bell of Happiness** 1 – die polnische Schiffsglocke aus dem Jahr 1909 fand 1992 als Geschenk ihren Weg nach Singapur und gilt als Glücksbringer für Paare und alle, die es werden wollen. Sie folgen nun dem ungefähr 800 m langen **Faber Walk** 2 in westlicher Richtung, passieren eine kleine **Merlion-Statue** 2 und das weiß-rot gestreifte Gebäude der protestantischen **Danish Seamen's Church** 3, in der sich dänische Seeleute wie Expats zu Gottesdiensten einfinden.

Über Wellen gehen

Über die ungewöhnlich geformte, 274 m lange **Henderson-Waves-Fußgängerbrücke** 4 gelangen Sie in den benachbarten Park. Das wellenartig geschwungene Gemeinschaftsprojekt von britischen und einheimischen Architekten 36 m über der Henderson Road ist die höchste Fußgängerbrücke Singapurs. Von der luftigen Überführung bieten sich schöne Aussichten, besonders zum Sonnenuntergang. Machen Sie es sich auf einer der Sitzgelegenheiten bequem. Nachts wird die Konstruktion von zahlreichen LEDs erleuchtet und dadurch noch imposanter.

Jenseits der Brücke beginnt der 34 ha große **Telok Blangah Hill Park.** Zu Ihrer Rechten erstreckt sich der **Sembcorp Forest of Giants** 5, eine rund 600 Bäume umfassende Anpflanzung von bedrohten Urwaldriesen und anderen Baumarten aus ganz Südostasien. Vorbei an der restaurierten **Alkaff Mansion** 6 erreichen Sie auf dem asphaltierten **Hilltop Walk** 3 in westlicher Richtung zum höchsten Punkt des Parks in einer Schleife die Straße. Von hier geht's über terrassierte Gärten mit Bougainvilleen wieder hinab zum 1,3 km langen **Forest Walk** 4, der im Zickzack durch den Wald verläuft und von 19 bis 24 Uhr beleuchtet wird. Von den Stahlkonstruktionen des erhöhten Laufwegs aus ist es möglich, die Baumwipfel zu überblicken und vor allem frühmorgens eine Vielzahl tropischer Vögel zu beobachten. Bei Höhenangst sollten Sie besser auf dem ebenerdigen **Earth Trail** die Bodenregion des Regenwalds erforschen. Beide Wege ziehen sich durch das satte Grün bis zu einer weiteren attraktiven Brücke.

Palmen im Formenrausch

Die asymmetrisch geschwungene, 80 m lange **Alexandra Arch Bridge** 7 ist einem weißen Blütenblatt nachempfunden und wird ab 19 Uhr ebenfalls von LEDs verschönert. Sie schließt auf der anderen Seite an den **Floral Walk** 5 an, ein 300 m langer Weg, der auf engstem Raum einen Eindruck von der Pflanzenvielfalt Südostasiens vermittelt – achten Sie mal auf die verschiedenen Formen der Palmen. Dahinter wartet der 9 ha große **HortPark** 8, ein Informations- und Forschungszentrum für den Gartenbau, mit 40 teilweise preisgekrönten Vorzeigegärten und einem Schmetterlingsgehege auf.

T
TREFF-PUNKT

Die hübsche **Alkaff Mansion** 6 wurde 1918 von einer wohlhabenden arabischen Familie aus dem Jemen als Ferienwohnsitz errichtet. Schnell avancierte die große Villa zu einem Treffpunkt der High Society aus allen Bevölkerungsgruppen. Nach einer Phase des Leerstands übernahm die mehrere Tempel verwaltende World Buddhist Society das Gebäude, bevor es 1984 der Stadt zufiel. Mehrere Restaurierungen und Umfunktionierungen später beherbergte es zuletzt ein Restaurant und verharrt seitdem wieder im Dornröschenschlaf – was wohl als Nächstes aus ihm wird?

Zwischen Bäumen träumen

Hinter dem **HortPark** führt ein Asphaltweg zum 280 m langen **Canopy Walkway** 6, der Sie in Höhe der Baumwipfel zum **Reflections at Bukit Chandu Museum** 9 führt. Der Weg am Bukit Chandu (›Opiumhügel‹) wird besonders Vogelliebhaber erfreuen, während das kleine Museum in einem restaurierten Kolonialgebäude von 1910 alle anspricht, die sich für die Zeit des Zweiten Weltkriegs in Singapur interessieren: Auf dem Hügel kam es 1942 zwischen 13 000 japanischen Invasoren und 1400 hoffnungslos unterlegenen Soldaten des malaiischen Regiments zur Schlacht von Pasir Panjang. Wer möchte, kann den Spaziergang noch im angrenzenden **Kent Ridge Park** fortsetzen. Oder es geht auf kurzem Weg die Pepys Road hinunter zur MRT-Station Pasir Panjang.

Idyll versus Grauen: Das Reflections at Bukit Chandu Museum erinnert an die malaiischen Soldaten, die während des Zweiten Weltkriegs gegen die japanische Übermacht ankämpften – erfolglos.

INFOS

Telok Blangah Hill Park: Telok Blangah Green, rund um die Uhr frei zugänglich
HortPark 8: 33 Hyderabad Road, tgl. 6–22 Uhr, Eintritt frei
Reflections at Bukit Chandu Museum 9: 31-K Pepys Road, T 63 75 25 10, www.nhb.gov.sg/museums/reflections-at-bukit-chandu, Di–So 9–17.30 Uhr, an Feiertagen auch Mo geöffnet, Eintritt kostenlos

KULINARISCHES FÜR ZWISCHENDRIN

Im **Faber Peak Singapore** 1 (109 Mount Faber Road, www.onefabergroup.com, MRT HarbourFront, dann Bus 409 oder Drahtseilbahn ab HarbourFront Tower Two Cable Car Station) befinden sich das Restaurant **Spuds & Aprons** (tgl. 11–23 Uhr) mit großer Terrasse, das Fleisch- und Fischgerichte, Tapas und Pasta auftischt, sowie das etwas günstigere **Faber Bistro** (Mo–Do 16–23, Fr, Sa 16–2, So 11–23 Uhr).

Cityplan: Karte 3, D/E 4/5 | **MRT:** HarbourFront (in die andere Richtung ab Pasir Panjang)

13

Dschungel in Citynähe – **Bukit Timah Nature Reserve**

Mitten im ›Concrete Jungle‹ können Sie eine Wanderung durch echten, ursprünglichen Regenwald unternehmen und auf markierten Pfaden eine große Vielfalt exotischer Pflanzen, Insekten, Vögel und anderer Tiere erkunden – ein einmaliges Erlebnis.

(Halb-)Tagesflucht aus der Stadt in den Dschungel light – aber Vorsicht: Am Wochenende trifft sich hier tout Singapur und vorbei ist's mit der himmlischen Ruhe.

Singapur ist eine der wenigen Metropolen, die mit einem Primärwald im Stadtgebiet aufwarten. Nur etwa 12 km vom Stadtzentrum entfernt erstreckt sich auf 163 ha das älteste Naturschutzgebiet der Insel. Ein Sekundärwald umgibt den rund 70 ha großen letzten Rest Primärregenwald, der früher weite Teile der Insel bedeckte. Er lässt erahnen, wie große Teile der Insel aussahen, als

vor etwa 200 Jahren die ersten Briten hier landeten – üppige tropische Natur. Die Wälder können auf fünf Wanderpfaden und einer Mountainbike-Route erkundet werden.

Alles naturbelassen

Das Reservat verdankt seine Existenz der britischen Kolonialregierung, die eine Analyse des Waldbestands in Auftrag gegeben hatte. Die Untersuchungskommission befürwortete die Gründung von Naturreservaten auf der Insel und so wurde 1883 ein Großteil des heutigen Reservats unter Schutz gestellt. In der Folgezeit forschte auch der berühmte Wissenschaftler Alfred Russel Wallace in diesem Dschungel und attestierte ihm trotz seiner kleinen Fläche eine extrem hohe Artenvielfalt. So gibt es beispielsweise im **Bukit Timah Nature Reserve** mehr Baumarten als in ganz Nordamerika. Das zentrale Naturreservat ist die Heimat von über 840 Pflanzen- und über 500 Tierarten. Im Gegensatz zu allen anderen Naturreservaten auf der Insel wurde hier nie Holz geschlagen, sodass der Primärwald erhalten blieb.

Der Weg ist das Ziel

Im **Visitor Centre** 1 am südlichen Eingang hinter dem Parkplatz werden im 2. Stock in einer kleinen teils interaktiven Ausstellung die Geschichte des Reservats sowie die heimische Flora und Fauna vorgestellt. Hier ist auch eine Karte der Pfade erhältlich. Sämtliche Wanderwege sind gut ausgeschildert und in verschiedene Schwierigkeitsstufen eingeteilt. Der **rote** 1 und **blaue Pfad** 2 sind einfach zu gehen und mit 45 bzw. 35 Min. Dauer nicht besonders lang. Der **grüne** 3 und **gelbe Pfad** 4 sind schon anstrengender und mit bis zu 2 Std. deutlich länger. Alternativen sind der anspruchsvolle, 6 km lange **Mountain Biking Trail** 5 rund um das Reservat und der **Kampong Trail** 6 (pink), der in eineinhalb Stunden aus dem Reservat hinaus auf einer leichten Strecke bis zum MacRitchie Reservoir führt, wo Sie ab der MRT-Station Marymount zurück ins Zentrum gelangen. Wenn Sie am frühen Morgen oder späten Nachmittag starten, ist die Chance, Tiere zu sehen, am größten. Der scheue Zwerghirsch, die gut getarnten Schmuckbaumnattern und die nachtaktiven Malaiengleitflieger sind sehr selten,

Z ZEITZEUGEN

Der **Hindhede Quarry** und der **Singapore Quarry** liegen heute als idyllische Seen vor uns. Dabei sind sie eigentlich Zeitzeugen einer ziemlich rabiaten Phase des Bergbaus. Der Abbau von Granit begann schon vor dem Zweiten Weltkrieg, erreichte aber in den 1970er-Jahren seinen Höhepunkt. Er beschäftigte zu jener Zeit an die 1200 Menschen. Mit viel Dynamit sprengte man tiefe Löcher in die Erde, im Falle der Hindhede Quarry sogar bis 18 m unter den Meeresspiegel. Dann wurde das Gestein auf spiralförmig am Kraterrand hinaufführenden Wegen nach oben befördert. Nach der Stilllegung wurden die beiden Tagebaue allmählich geflutet; die nördliche **Dairy Farm Quarry** ist heute bei Kletterern beliebt.

INFOS/ÖFFNUNGSZEITEN

Bukit Timah Nature Reserve: 177 Hindhede Drive (von der Upper Bukit Timah Road ab), T 64 68 57 36, www.nparks.gov.sg, tgl. 7–19 Uhr, Eintritt frei
Visitor Centre 1: tgl. 8–17.30 Uhr

BEVOR ES LOSGEHT

Für einen Tag im Reservat ausreichend Wasser mitbringen, denn entlang der Wege gibt es keine Einkehrmöglichkeiten. Aufgrund der stehenden Gewässer können auch Mücken lästig werden, weshalb lange Kleidung oder ein Repellent sinnvoll sind. Der als Naturverbundzone konzipierte Eco-Link, eine Brücke zum benachbarten Reservat um das Central Catchment, ist nur im Rahmen von sporadischen Führungen zugänglich.

Cityplan: Karte 3, D 3 | **MRT:** Beauty World, Exit A

halten Sie besser Ausschau nach schwirrenden Nektarvögeln, schillernden Drongos, Spechten und flinken Hörnchen.

Affentheater

Ein breiter Weg verläuft bis zum **Bukit Timah** 2, mit 163,6 m die höchste natürliche Erhebung Singapurs. Dort begegnen Ihnen wahrscheinlich Horden von langschwänzigen Makaken, die aber auf keinen Fall gefüttert werden sollten. Auch Anstarren ist keine gute Idee, denn es provoziert die streitlustigen Affen, die zudem gern stehlen – ihretwegen wurden die Müllcontainer im Reservat mit einem affensicheren Schließmechanismus versehen. Mit etwas Glück erspähen Sie auch einen der lebhaften Bülbül-Vögel.

UM DIE ECKE

Nördlich vom Visitor Centre verläuft linker Hand ein Pfad zum **Hindhede Nature Park** 3, einem durch Regenwasser gefluteten, ehemaligen Steinbruch. Am idyllischen See können Sie entspannen und viele Vögel erspähen. Südlich vom Aussichtspunkt gibt es einen **Abenteuerspielplatz** 7 für Kinder.

Tierische Städter – **Singapore Zoo, River Safari und Night Safari**

#14

Ein Besuch im Tierpark von Singapur wird nicht nur bei Kindern einen bleibenden Eindruck hinterlassen – auch Erwachsene vergessen dank gelungener Landschaftsplanung schon mal, dass sie sich in einem Zoo befinden.

Die höchst sehenswerten Tierparks liegen im Norden der Insel am Stausee Upper Seletar Reservoir. Neben mehr als 2800 Tieren und 300 verschiedenen Arten im Zoo können Sie bei der River Safari weitere 200 und bei der Night Safari 137 nachtaktive Spezies beobachten. Interaktive Informationstafeln und unterhaltsame Shows vermitteln spannende und lehrreiche Fakten über die große Welt der Tiere.

Was verspricht der Papagei? Dieser Zoo ist ein paar Nummern größer und artenreicher als europäische Zoos und die Tiere haben ganz viel Platz.

Frühstück mit Orang-Utans? Ist möglich im Singapore Zoo, aber jeder tut's am eigenen ›Buffet‹.

Jedem Tierchen sein Plaisierchen

In dem innovativen, 28 ha großen **Singapore Zoo** 1 sind viele Gehege in die natürliche Umgebung eingebettet, wobei Wassergräben, Teiche und Felsen so weit wie möglich Zäune und Käfige ersetzen. Für dieses Konzept hat der Zoo internationale Preise eingeheimst, der Michelin zeichnete ihn mit der Höchstwertung von drei Sternen aus. Die Mehrzahl der Tiere stammt aus tropischen und gemäßigten Klimazonen, doch Sie finden auch Seelöwen, Pinguine und Polarbären in gekühlten Gehegen. Man begegnet vom Aussterben bedrohten Tierarten, allen voran rund zwei Dutzend Orang-Utans. Bis zu fünf dieser Menschenaffen werden in Freigehege gelassen, wo man sie um 11 und 15.30 Uhr in ihrer natürlichen Umgebung bewundern kann. Um 16.30 Uhr ermöglicht das Boardwalk-Freigehege vom ›Canopy Walkway‹ aus die Begegnung mit den Primaten auf Augenhöhe. Mit dem Fragile Forest umfasst der Zoo sogar eines der größten von Menschen erbauten Ökosysteme überhaupt. In diesem gigantischen Freiflugareal mit verschiedenen Waldzonen (sogar Mangroven) tummelt sich eine Vielzahl exotischer Dschungeltiere, darunter Faultiere, Lemuren, Papageien, Fledermäuse und Hirschferkel. Auch das riesige Elefantengehege, die Paviane, Nasenaffen und das australische Outback-Areal sind höchst beeindruckend. Regelmäßig unterhalten Tiere das Publikum mit kleinen Kunststückchen (›Rainforest Fights Back‹ um 12.30 und 14.30, ›Splash Safari‹ um 10.30 und 17, Elefanten um 11.30 und 15.30 Uhr) und bei den über den Tag verteilten Fütterungen erfahren Sie allerlei Wissenswertes.

Ü
ÜBRIGENS

Die Areale entlang der Zufahrt zu den Tierparks werden bis 2023 mit weiteren Tier- und Naturattraktionen versehen. Zwischen der Mandai Lake Road und Mandai Avenue entsteht der **Rain Forest Park North,** südlich der Mandai Lake Road der **Rain Forest Park South** und ein neuer **Bird Park.** Vögel aus aller Welt ziehen aus dem alten Jurong Bird Park hierher um, während die Rain Forest Parks vor allem die südostasiatischen Habitate abbilden sollen – komplett mit unterirdischen Höhlen, ebenerdigen Dschungelpfaden und luftigen Baumkronenwegen.

Alles im Fluss

Die benachbarte **River Safari** 2 begeistert mit naturnahen, dem Amazonas, Nil, Ganges, Mississippi, Kongo, Mekong, Mary, Murray und Jangtse nachempfundenen Lebensräumen sowie einem großen Pandawald. Bei einer leider recht kurzen Bootsfahrt können ihre Bewohner aus nächster Nähe beobachtet werden, zudem gibt es geführte Besichtigungen zu Fuß, bei denen Sie zum Beispiel zwei Manatee-Seekühen begegnen.

Die 35 ha große **Night Safari** 3 grenzt an den Zoo. Über 2500 nachtaktive Tiere leben hier in sechs verschiedenen Habitaten, darunter zahlreiche bedrohte Arten wie Tapir und Panzernashorn. Durch den Park dreht in regelmäßigen Abständen eine kleine Bahn ihre Runden, wobei der Fahrer mit anschaulichen Erklärungen unterhält. Sie können an Haltestellen aussteigen und zu Fuß auf vier beleuchteten Rundwegen tiefer in den Regenwald eindringen. Im Eintrittspreis inbegriffen ist die 20-minütige Vorführung **Creatures of the Night,** bei der um 19.30, 20.30 und 21.30 (Fr, Sa auch 22.30 Uhr) nachtaktive Tiere vorgestellt werden, sowie die stündlich bis 22 Uhr am Eingang zelebrierte **Feuershow.**

INFOS/ÖFFNUNGSZEITEN

Singapore Zoo 1: T 62 69 34 11, www.zoo.com.sg, tgl. 8.30–18 Uhr, S$ 33, Kinder S$ 22, Tram S$ 5/3

River Safari 2: T 62 69 34 11, www.riversafari.com.sg, tgl. 10–19 Uhr, S$ 30, Kinder S$ 20, Bootstouren S$ 5/3

Night Safari 3: T 62 69 34 11, www.nightsafari.com.sg, tgl. 19.15–24 Uhr, Eintritt inkl. Tramfahrt S$ 45, Kinder S$ 30

Es gibt vergünstigte Kombitickets mit Zoo, River Safari, Night Safari und Jurong Bird Park (▶ S. 72).

Cityplan: Karte 3, D 2 | **MRT:** Ang Mo Kio, dann **Bus** 138; Choa Chu Kang und dann **Bus** 927; Khatib (Exit A) und dann mit dem Mandai Express

15

Singapur im Verborgenen – **Geylang Serai und Katong**

Während Katong mit pittoresken Straßenzügen gefällt, zeigt sich die Stadt in Geylang Serai von ihrer rauen Seite. Hierher verirren sich kaum Touristen, also schnuppern Sie authentische Vorortatmosphäre, kosten Sie ganz besondere Gaumenfreuden – und bekommen Sie Dinge zu Gesicht, die Sie in Singapur niemals vermutet hätten!

Wochenendziel für reiche Stadtbewohner? Das war einmal, als Katong noch an der Küste lag. Die Zuckerbäckerhäuschen sind immer noch eine Augenweide.

Geylang Serai wurde ab 1840 von Malaien aus dem Mündungsgebiet des Singapore River besiedelt. Diese bauten später Zitronengras *(serai)* an, was dem Viertel seinen Namen einbrachte. In den 1960er-Jahren hatte sich ein Slum entwi-

ckelt, der im Rahmen des sozialen Wohnungsbaus vom Erdboden getilgt wurde. Und so beherrschen Apartmentblocks das Bild, durchsetzt von Straßenzügen, die der Abrissbirne entgingen. Ganz anders **Katong:** Die damals noch am Meer gelegene Siedlung stand lange Zeit bei Eurasiern und wohlhabenden Peranakan hoch im Kurs. Die Joo Chiat Road, ihr ›Rückgrat‹, steht sogar unter Denkmalschutz und bei Foodies und Feinschmeckern rangiert Katong mit seinem breit gefächerten Angebot ziemlich weit oben.

Hooray, Malay

Unter einem großen Dach im traditionell malaiischen Stil versammelt der **Geylang Serai Market** 1 an der Changi Road alles, was ein malaiischer Haushalt benötigt: Haushaltsgegenstände, bunte Kleider und Stoffe, Gewürze und Gebäck, Gemüse, Obst und Fleisch. An einigen Ständen darf auch gehandelt werden. Am meisten Betrieb herrscht morgens, wenngleich das Food Centre mit Essensständen im zweiten Stock bis spät abends öffnet. Während des Ramadan findet hier allabendlich ein beliebter Nachtmarkt statt – es gibt kaum einen besseren Ort, um das Fastenbrechen mitzuerleben.

S
SPICY

Wenn Sie Gewürze für zu Hause suchen, schauen Sie im **Geylang Serai Market** 1 bei **BB Spices** (Laden 1-66) vorbei – Zimt, Kardamom, Muskat und viele Mischungen warten hier auf Käufer.

What's in a name?

Die **Joo Chiat Road** 1 säumen Häuser mit Geschäften oder Werkstätten im Erdgeschoss und darüber Wohnräumen der Besitzer. Die ganze Familie scheint im Laden zu leben, handelt mit Motorradersatzteilen, Möbeln oder bunten, kleinen Kuchen (›kueh‹). In der für den Baustil der Straits Settlements typischen Seitenstraße **Koon Seng Road** 2 wurden die Fassaden alter Peranakan-Shop-Houses farbenfroh herausgeputzt. Wenn Sie genau hinsehen, entdecken Sie hübsche Kacheln, die mit Blumen oder Tieren bemalt sind. Die Joo Chiat Road mündet in die mittlerweile unzutreffend bezeichnete **East Coast Road** 3, doch früher verlief diese Straße tatsächlich am Meer. Seit der Landaufschüttung trennt sie die Wohntürme des Sozialbauviertels und eine Autobahn vom **East Coast Park** 4. Einen kurzen Blick lohnt **Rumah Bebe** 5, ein kleines Museum und Geschäft in einem wunderschön restaurierten Ladenhaus (► S. 101).

Rotlicht in der Musterstadt

Auch wenn es überrascht: In Singapur ist Prostitution in speziell designierten Straßen ganz legal. Stadtbekannt ist das große Rotlichtviertel in der **Geylang Road** 6. In den Bordellen der Seitenstraßen mit geraden Nummern zwischen Lorong 4 und 30 warten Tausende junge Frauen aus ärmeren asiatischen Ländern auf Freier in rot nummerierten Häusern. Andernorts werben

INFOS

Geführte Spaziergänge durch die Rotlicht-Ecken von damals und heute bietet **Journeys** (www.journeys.com.sg) jeden Fr um 18 Uhr für S$ 60 ab dem **Chinatown Heritage Centre** (► S. 29) für Teilnehmer ab 18 Jahren.

PERANAKAN VOM FEINSTEN

Das **Kim Choo Kueh Chang** 1 gibt's schon seit 1945 und der kleine Laden ist eine Instanz der Peranakan-Küche für zwischendurch. Bei Singapurern ist er vor allem für seine leckeren, unterschiedlich gefüllten Teigtaschen bekannt, die einzeln in Blätter eingewickelt werden. Außerdem werden süße kleine Kuchen in kräftigen Farben und einfache Tagesgerichte serviert (109 East Coast Road, T 67 41 21 25, www.kimchoo.com, S$ 6–10).
Das **Guan Hoe Soon** 2 serviert ebenfalls Peranakan-Küche, ist aber ein richtiges Restaurant (► S. 94).

Cityplan: Karte 3, F/G 4 | **MRT:** Paya Lebar oder Eunos

Hmmm – einmal aus dem duftenden und aromagebenden Pandanblatt gewickelt, sind die liebevoll gefüllten Teigtaschen von Kim Choo Kueh Chang eine kleine und köstliche Delikatesse.

Karaokebars, Music Lounges und kleine ›Spas‹ um Kundschaft. Nicht überall fühlt man sich wohl, aber über weite Strecken verteilt sich das Rotlichtmilieu zwischen kleinen Läden, Straßenständen, Coffeeshops und Restaurants, in denen sich Nachtschwärmer bis in die frühen Morgenstunden stärken.

Sandburgen bauen

Im südlichen **East Coast Park** 4 können Sie kilometerweit am Strand und auf Spazierwegen unter Schatten spendenden Bäumen laufen. Obwohl lang und schmal, ist er mit 185 ha der größte Park in Singapur. Er entstand in den 1970er-Jahren an aufgeschüttetem Land und wurde mit Freizeitangeboten wie Minigolf, Rollschuh- und Skateboard-Anlagen, Angelstegen sowie schönen Radwegen versehen. Alle paar Kilometer finden sich außerdem Einkehrmöglichkeiten und Fahrradstationen. Die Wasserqualität ist aufgrund der vielen Frachter und Tanker, die in Sichtweite verkehren, nicht die beste, aber es geht entspannt zu und man kommt in lockerer Atmosphäre mit Einheimischen in Kontakt. Eine Unterführung verläuft von der Marine Parade Central (der verlängerten Joo Chiat Road) unter dem East Coast Parkway hindurch.

EINTRITTSKARTEN *in eine andere Welt …*

Die Völkerkundemuseen (S. 24) sind nicht die einzigen mit besonderen Schätzen. Hier unsere Favoriten:

UND JETZT ENTSCHEIDEN SIE!

Baba House
kostenlose Führungen nach Voranmeldung Mo 14–15, Di 14–15 und 18.30–19.30, Do 10–11, Sa 11–12 Uhr

Wie sah das Leben der einflussreichen Peranakan-Familie Wee in den 1920er-Jahren aus? Ein Rundgang durch das aufwendig instandgesetzte ›Heritage-Home‹ lässt Sie daran teilhaben.
B 10, babahouse.nus.edu.sg

JA NEIN

Changi Museum
tgl. 9.30–17 Uhr, Eintritt frei, Audioguides S$ 8/4

Fotos und persönliche Gegenstände werfen ein Licht auf die japanische Besatzung im Zweiten Weltkrieg. Zivilisten und Soldaten waren elendiglich interniert. Anrührend: die Kapelle der Kriegsgefangenen.
Karte 3, H 3, www.changimuseum.sg

JA NEIN

mint (Museum of Toys)
tgl. 9.30–18.30, letzter Einlass 17.30 Uhr, S$ 15/7,50

Spielkinder jeden Alters erfreuen sich am Spielzeug, das aus 40 Ländern zusammengetragen wurde. Neben zahlreichen Blechfiguren gibt's Comics, einheimisches Spielzeug sowie eine Teddybären- und Puppensammlung.
Karte 2, E 7, www.emint.com

JA NEIN

National Gallery Singapore
So–Do 10–19, Fr, Sa 10–22 Uhr, S$ 20, Führungen ► Website, kostenlose Audioguides

Zwei der schönsten klassischen Gebäude der Stadt (► S. 23) beherbergen die Nationalgalerie mit über 8000 Werken – die größte Sammlung südostasiatischer Kunst weltweit!
Karte 2, E 8, www.nationalgallery.sg

JA NEIN

Red Dot Design Museum

Öffnungszeiten und Eintritt ► Website

Das größte moderne Designmuseum Asiens ist Ende 2017 in die Marina Bay umgezogen. Hier dreht sich alles um innovative, kreative und erfolgreiche Designentwürfe.

F 10, www.museum.red-dot.sg

○ JA ○ NEIN

Singapore Art Museum

Sa–Do 10–19, Fr 10–21, S$ 6/3, Fr ab 18 Uhr kostenlos, Führungen 11, 14, Fr auch 19, Sa, So 15.30 Uhr

Eine der weltweit größten Sammlungen zeitgenössischer südostasiatischer Kunst! Im Anbau SAM@8Q liegt der Schwerpunkt auf experimenteller Kunst.

Karte 2, E 7, www.singaporeartmuseum.sg

○ JA ○ NEIN

Singapore Science Centre

tgl. 10–18 Uhr, S$ 12/8, Omni Theatre S$ 14

Familien mit wissbegierigen Kindern willkommen: Im naturwissenschaftlichen Hightech-Museum gibt es mehr als 1000 Exponate (viele interaktiv). Das benachbarte Omni Theatre zeigt die passenden 3D-Filme.

Karte 3, C 3, www.science.edu.sg

○ JA ○ NEIN

Singapore Philatelic Museum

tgl. 10–19 Uhr, S$ 8/6

Im hübschen Kolonialbau (1906) der früheren Anglo Chinese School ist die umfassendste Sammlung von Briefmarken aus Singapur und den britischen Straits Settlements alles andere als zum Gähnen.

Karte 2, D 7, www.spm.org.sg

○ JA ○ NEIN

ArtScience Museum

10–19 Uhr, S$ 17, 28, 38/12, 19, 26, Preise berechnen sich nach Single Exhibition, Double Exhibition oder all access

Das Museum thematisiert die Rolle der Kreativität in verschiedenen Bereichen des menschlichen Lebens sowie philosophische Themen rund um Mensch, Natur und Technik.

F 9, www.marinabaysands.com/museum.html

○ JA ○ NEIN

Singapurer Museumslandschaft

Soviel gleich vorweg – alle wichtigen Museen bei einem einzigen Besuch zu besichtigen, ist sehr unwahrscheinlich. Als hochgebildetes Völkchen mit viel Sinn für Traditionen und dem richtigen Gespür für die pädagogisch wertvolle Aufbereitung von Informationen hegen und pflegen die Singapurer ihre Museen wie kaum eine andere Nation in Südostasien. Jede Bevölkerungs- oder Interessengruppe, die etwas auf sich hält, richtet sich früher oder später das entsprechende Museum ein. Und so finden Sie Museen für die Chinesen, Inder, Malaien und Peranakan, für Kunst- und Designinteressierte, Spielzeugnostalgiker, Briefmarkensammler, Kriegsveteranen, Naturwissenschaftler und alle, die es werden wollen. In Chinatown gibt es ein Museum für antike Drehorgeln und Spieluhren (www.singaporemusicalboxmuseum.org) und im chinesischen Garten (► S. 84) sogar eines für Schildkröten, welches im Zuge der Umgestaltung des Parks vermutlich umziehen muss. Bei so viel Auswahl empfehlen wir Ihnen den Besuch der wichtigsten Museen, die in den Kapiteln vorn beschrieben sind. Die kleineren Museen können Sie als Bausteine in Ihre Streifzüge integrieren oder sie sich für regnerische Tage reservieren.

TIPPS FÜR DEN BESUCH DER MUSEEN

In einigen Museen haben Einheimische freien Eintritt, der Normalpreis gilt dann nur für Ausländer. Die ermäßigten Preise gelten meist für Kinder bis zwölf Jahren, Schüler und Studenten sowie Senioren ab 60 Jahren, in einigen Fällen aber nur für Kinder. Besonders in den Museen zu historischen Themen und Kunst lohnt es sich, den Besuch zeitlich mit einer kostenlosen Führung abzustimmen und rechtzeitig zu erscheinen, da diese häufig auf etwa zwölf Personen begrenzt sind und nach dem Prinzip ›first come, first serve‹ gewährt werden.

Blume öffne dich – eine Lotusblüte hat die Erbauer des ArtScience Museums inspiriert.

Old meets new – historisch-moderne Hybridarchitektur

Als das einstige Juwel in der Krone des britischen Empires verfügt Singapur über viele repräsentative Gebäude im neogotischen und neoklassizistischen Stil. Denn was eignete sich besser als die Baukunst, um sich als Imperium von römischer Couleur auch kunstgeschichtlich Geltung zu verschaffen? In jüngerer Zeit wurden viele denkmalgeschützte Gebäude auf faszinierende Weise umgestaltet und umfunktioniert.

Eine preisgekrönte Renovierung

CHIJMES 🕮 E 7

Das Akronym ist eine Anspielung auf die Glocken des ehemaligen Nonnenklosters Convent of the Holy Infant Jesus, das sich seit 1854 hier befand. Die erste Kapelle wurde 1904 durch den heutigen neogotischen Bau mit klassizistischen Elementen ersetzt. 1983 verließ der Orden das Kloster, das daraufhin für S$ 100 Mio. umgestaltet wurde. Die Kapelle und das Caldwell House (1841) wurden originalgetreu hergerichtet. Ansonsten siedelte man in den Wandelgängen und um einen Innenhof Boutiquen, Restaurants und Bars an. Richtig zum Leben erwacht CHIJMES abends, wenn die Lichterketten in den Bäumen erstrahlen und Gäste die Restaurants bevölkern.

30 Victoria Street, www.chijmes.com.sg, MRT Bras Basah, Geschäfte meist bis 20, Restaurants bis 22.30 und Bars bis 5 Uhr

Käffchen in der Kirche

St. Andrew's Cathedral 🕮 E 7–8

Mit ihren weißen Mauern ist die anglikanische Kathedrale am Padang (S. 23) nicht zu übersehen. Das 1862 geweihte, prächtige Gotteshaus im neogotischen Stil wurde von Colonel Ronald MacPherson entworfen und von indischen Zwangsarbeitern erbaut, was zur damaligen Zeit durchaus üblich war. Das leuchtende Weiß ist dem Verputzstoff Madras Chunam zu verdanken, einer Mischung aus Kalk, Zucker und Eiweiß. 2005 entstand der überwiegend unterirdische Erweiterungsbau mit Gebetsstätten, einem Amphitheater, Visitor Centre, Café und überdachtem Fußweg zur MRT City Hall. Sonntags finden Gottesdienste in Englisch, Mandarin, Tagalog, Birmanisch und Indonesisch statt.

11 St. Andrew's Road, www.cathedral.org.sg, MRT City Hall, tgl. 9–17 Uhr

Ein Kunstwerk für Kunstwerke

National Gallery Singapore 🕮 E 8

Das von korinthischen Säulen verzierte Gebäude des ehemaligen Rathauses (1929) und der Kuppelbau des einstigen obersten Gerichtshofs (1937–39) erhielten im Zuge ihres satte S$ 500 Mio. teuren Umbaus zur National Gallery ein ordentliches Facelifting: Sie wurden durch zwei Brücken und eine lichtdurchflutete Plaza miteinander verbunden, deren Glasdach von baumartigen Pfeilerstrukturen stabilisiert wird. Auf dem Dach lädt die neuartige Ng Teng Fong Roof Garden Gallery zum Schauen ein und die Lobby und Rotunde des Gerichtshofs wurden originalgetreu restauriert. Weitere Infos in der Führung vor Ort und ein virtueller Rundgang durch ausgewählte Räume unter http://bit.ly/1MQU3Lz.

1 St. Andrew's Road, www.nationalgallery.sg, MRT City Hall oder Clarke Quay, So–Do 10–19, Fr, Sa 10–22 Uhr, S$ 20, Führungen zur Architektur Mo–Do 11, Sa, So 15 Uhr

Island-Hopping – kleine Inseln für große Entdecker

Manchmal wird es auch hartgesottenen Großstadtmäusen zwischen den Glas- und Betontürmen, Spiel- und Spaßpalästen, manikürten Parks und Golfplätzen zu viel. Wie praktisch, dass zum Territorium des Stadtstaats auch kleine, teils kaum erschlossene Inselchen zählen. Ideal für ein paar Stunden Weltflucht ›light‹ – sofern Sie die Wochenenden meiden.

Für Naturburschen

Pulau Ubin 🕮 Karte 3, G/H 1/2

Die Überfahrt zur ›Granitinsel‹ dauert nur zehn Minuten, führt Sie aber in eine völlig andere Welt: Das Zentrum des lang gestreckten, 10,2 km² großen Eilands bilden altmodische chinesische Cafés (Kopi Tiam), ein Kramladen und einfache Kampong-Häuser in wuchernden Gärten. Mieten Sie sich in der Nähe der Bootsanlegestelle für S$ 10 ein Fahrrad und radeln Sie vorbei an Teichen, die vormals der Fisch- oder Garnelenzucht dienten, an aufgegebenen Kautschuk-, Durian- und Kokosplantagen und alten Granitsteinbrüchen, die sich mit Wasser gefüllt haben (Baden verboten!). Der Sekundärregenwald, der stellenweise alte Plantagen überwuchert, bietet ideale Lebensbedingungen für viele Vogelarten, die hier nisten und brüten. Mit etwas Glück bekommen Sie sogar einen Nashornvogel zu Gesicht. Beliebte Ziele im Westen sind der Mountainbike-Trail um die Ketam Quarry und südlich davon der taoistische German Girl Shrine – hier wird einem deutschen Mädchen gedacht, das 1914 auf der Flucht vor den Engländern in einen Steinbruch stürzte; eine Opfergabe soll Erfolg beim Glücksspiel versprechen. Im Osten erstrecken sich die 1 km² großen Chek Jawa Wetlands. Ihre Seegrasfelder, Sand- und Korallenbänke, Mangroven- und Wattflächen sind Lebensraum für Seesterne, Seepferdchen, Schlammspringer, Stachelrochen und Krebse. Das Reservat kann über einen 1,1 km Bohlenweg und einen Aussichtsturm erkundet werden.

Beim National Parks Office an der Jetty bekommen Sie eine Karte der Insel, Infos über die Chek Jawa Wetlands im dortigen Visitor Centre, dem deplatziert wirkenden ›House No. 1‹ im Tudor-Stil (mit Kamin!).

MRT bis Tanah Merah, dann weiter mit Bus 2 zum Changi Bus Terminal. Ab Changi Point Ferry Terminal fahren Boote von etwa 5.30 bis 21 Uhr für S$ 3, sobald 12 Passagiere beisammen sind oder die Differenz bezahlt wird.

Ü ÜBRIGENS

Eine informative Broschüre für einen zweistündigen Spaziergang finden Sie auf www.nparks.gov.sg unter DIY Walks. Der Pulau Ubin Tree Trail verläuft von der Anlegestelle zu den Chek Jawa Wetlands, vorbei an Bäumen mit bemerkenswerten Eigenschaften.

Für Pilger

Kusu Island 🕮 Karte 3, F 5

Der Sage nach entstand Kusu Island, als sich eine Meeresschildkröte in einen Felsen verwandelte, um zwei schiffbrüchigen Matrosen (einem Malaien und einem Chinesen) das Leben zu retten. Von der religiösen Bedeutung der

Insel zeugen drei islamische Schreine zur Erinnerung an Syed Abdul Rahman, einen Unternehmer, der eine Reihe von Wohltätigkeitsprojekten förderte, und an seine Familie auf einem Hügel. An der Küste wurde 1923 der taoistische Tempel Da Bo Gong mit einem gepflegten Garten und Schildkrötenteich erbaut. Im neunten Monat des chinesischen Mondkalenders (Okt./Nov.) kommen zigtausende Wallfahrer hierher, die Tua Pek Kong, den Gott der Händler und des Wohlstands, und Kuan Yin, die Göttin der Barmherzigkeit, um Beistand bitten. An normalen Tagen ist man weitestgehend mit sich und dem Zirpen der Zikaden allein. Verpflegung mitbringen!

Ü ÜBERFAHRT

Nach **St. John's Island** (30 Min.) und **Kusu Island** (weitere 15 Min.) starten Fähren von Singapore Island Cruise (www.islandcruise.com.sg) ab dem Marina South Pier Mo–Fr 10 und 14, Sa 9, 11, 13 und 15, So 9, 11, 13, 15 und 17 Uhr für S$ 18, Kinder S$ 12, hin und zurück. Zurück auf die Hauptinsel Mo–Fr bis 14.45 ab St. John's und bis 16 ab Kusu, Sa bis 15.45 bzw. 16.30 und So bis 17.50 bzw. 18.15 Uhr.

Für Badenixen und Sonnenanbeter

St. John's und Lazarus Island

Karte 3, E/F 5/6

Zum Sonnenbaden und Schwimmen steuern Sie das 6,5 km vom Festland entfernte **St. John's Island** an. Nachdem die 39 ha große Insel lange Zeit als Quarantänestation und Strafkolonie gedient hatte, wurden ab den 1970er-Jahren Wege, Grillstellen, Campingplätze und künstliche Badelagunen angelegt, eine Cafeteria verkauft Getränke und Lebensmittel. Bei den öffentlichen Toiletten befinden sich auch Duschen. Nach vorheriger Buchung (www.sla.gov.sg/islands) können Sie sogar in Bungalows übernachten. Wenn Ihnen St. John's zu touristisch ist, laufen Sie doch einfach über die asphaltierte künstliche Landbrücke hinüber zur Nachbarinsel **Lazarus.** Hier finden Sie außer Spazierwegen nichts als Bäume und an der Ostseite eine große halbmondförmige Badebucht für einsame Stunden.

Gutes Rad ist teuer? Fragen Sie diese Bike-Vermieterin und sausen Sie über die Insel Pulau Ubin, hinein in altchinesische Welten, zu überwucherten Plantagen und den Chek Jawa Wetlands.

Pause. Einfach mal abschalten

Singapur ist eine Stadt mit vielen Ruheoasen und naturnahen Rückzugsräumen für Mensch und Tier. Während einige zum Spazieren, Picknicken und Dösen einladen, sind andere vor allem etwas für Leute, die ihren Ausgleich lieber in der freien Natur finden. Ein breites Wellnessangebot rundet einen Wohlfühltag ab.

Natur pur

MacRitchie Reservoir Park

Karte 3, E 3

Der gepflegte Park mit urwüchsigen Abschnitten grenzt südlich an das größte Süßwasserreservoir der Insel und ist besonders bei sportlich aktiven Singapurern beliebt, die sich hier auf Lauf- und Wanderwegen fit halten. Probieren Sie sich doch am 4,2 km langen Weg zum 250 m langen Baumkronenpfad (Tree Top Walk). Alternativ besteht die Möglichkeit, mit Kajaks die mäandernden Arme des Stausees zu erforschen. Duschen und Schließfächer sind vorhanden.

Lornie Road, www.nparks.gov.sg, MRT Caldecott, tgl. 7–19 Uhr, Eintritt frei; Kajaks an der Paddle Lodge für S$ 10–20 pro Std., 9–10.30, 14–16.30 Uhr

Park-Plätzchen

Singapore Botanic Gardens

Karte 3, E 4

Das perfekte Kontrastprogramm zum städtischen Trubel ist dieser herrliche Botanische Garten mit einem Netz aus Spazierwegen und Picknickflächen. Hier zog 1888 Henry Ridley aus brasilianischen, unter Lebensgefahr geschmuggelten Samen die ersten Kautschukpflanzen in Asien und begründete damit die asiatische Kautschukindustrie. Heute zählt das 82 ha große (und ab 2018 sogar noch erweiterte) Gelände zum UNESCO-Weltkulturerbe und umfasst Teiche, Palmenhaine, einen Rest Primärregenwald und den National Orchid Garden (tgl. 8.30–19 Uhr, Eintritt S$ 5, Kinder frei). Letzterer beherbergt die größte Orchideensammlung der Welt. Im sehenswerten Evolution Garden wird die Entstehung der Pflanzenwelt dargestellt und im Healing Garden gibt es über 400 Heilpflanzen (Mi–Mo 5–19.30 Uhr). Ein Garten nahe der Bukit Timah Road wurde für Kinder konzipiert.

1 Cluny Road, www.sbg.org.sg, MRT Botanic Gardens oder Orchard und 15 Min. zu Fuß, Eintritt frei, regelmäßig kostenlose Führungen

> **M – MUSIK**
>
> Die jährlich mehr als 4 Mio. Besucher des Botanischen Gartens kommen nicht nur zum Picknicken hierher, denn er ist auch Schauplatz von Festivals, Ausstellungen und Konzerten, z. B. wenn das Singapore Symphony Orchestra (www.sso.org.sg) alljährlich zur kostenlosen Aufführung Classics in The Park lädt.

Konichiwa!

Jurong Lake Gardens Karte 3, C 3

Um den westlichen Jurong Lake entsteht bis 2020 eine gigantische, ca. 90 ha große Parkanlage, die auch die bereits bestehenden Parks umfasst: den 13,5 ha großen chinesischen Yu Hwa Yuan und den einen halben Hektar kleineren japanischen Seiwaen. Während der chinesische Garten mit einem dem Pekinger Sommerpalast der Qing-Dynastie nachempfundenen Hauptgebäude punkten kann, rühmt sich der japanische Garten, der größte außerhalb des Landes der aufgehenden Sonne zu sein. Ab 2018 sollen westlich des Sees auch Feuchtgebietszonen, ein Boardwalk und Spielplätze zugänglich sein.

Yuan Ching Road, www.nparks.gov.sg/jurong lakegardens, MRT Chinese Garden, tgl. 6–23 Uhr, Eintritt frei, außer zum Bonsai-Garten (S$ 5)

Flotation

Palm Ave Floatclub 🕮 G 5

Wer schon immer mal dem Alltag entschweben wollte, kann sich im Palm Ave Floatclub in kleine schallisolierte Pods mit auftriebstarker Sole begeben. In völliger Dunkelheit erzeugen sie ein Gefühl des Schwebens, das allerdings auch seinen Preis hat.

66 Kampong Bugis, www.palmavefloatclub.com, MRT Kembangan, tgl. 10–22 Uhr, 1 Std. S$ 90, für Studenten wochentags 10–16 Uhr 15 % Rabatt

Die eigene Mitte

Kadampa Meditation Centre
🕮 C 10

Das buddhistische Meditationszentrum offeriert wöchentlich Kurse für Anfänger und Fortgeschrittene zu festen Zeiten, samstags auch für Kinder. Ab und an entfallen die regulären Sitzungen für Spezialkurse, am besten schauen Sie vorher im Kalender auf der Website nach.

134 Neil Road, http://nkt-kmc-singapore.org, MRT Outram Park, Kurse für Erw. Mo, Mi 19.30, Di 12.30, 19.30, Do 11, Fr 19 Uhr, S$ 8–13 pro Teilnehmer, Kurse für Kinder von fünf bis zwölf Jahren Sa 17.15 Uhr, S$ 6 pro Teilnehmer

Wellness

AFOND Boutique Spa 🕮 D 9

Fast allen Luxushotels sind Spas angegliedert und zahlreiche weitere sind über die ganze City verteilt. Sie sollten jedoch mindestens einen Tag im Voraus buchen und 15 Min. vor dem Termin erscheinen. Nicht ganz so teuer ist dieses professionelle Spa mit entspannter Atmosphäre mitten im Herzen von Chinatown.

263 South Bridge Road, www.afondspa.com, MRT Chinatown, Mo–Fr 11–21, Sa, So 10.30–18.30 Uhr, 60-minütige Massage für ca. S$ 150

Shiatsu

Ikeda Spa Prestige 🕮 D 8

Dieses beliebte kleine Spa unweit vom Singapore River hat sich ganz auf japanische Anwendungen spezialisiert und lädt in entsprechend gestaltete Räumlichkeiten mit dem typischen reduzierten Design. Ganz japanisch auch das Onsen-Bad aus edlem Hinoki-Holz. Am besten vorher reservieren.

6 Eu Tong Sen Street, #05-22, Clarke Quay Central, www.ikedaspa.com, MRT Clarke Quay, tgl. 13–22 Uhr, 1 Std. Massage knapp unter S$ 130

Yoga

Yoga in Common 🕮 F 4

In den hellen, einladenden Räumlichkeiten finden täglich zwei bis vier Yogakurse in unterschiedlichen Stilen statt, z. B. Yin Flow, Hatha, Ashtanga, aber auch originelle Varianten wie Family Yoga oder Kurse für Arthritiskranke; zudem Meditationen. Die erfahrenen Yoga-Lehrer haben sich jeweils auf bestimmte Stile spezialisiert und nehmen Rücksicht auf Anfänger.

10 Petain Road, www.yoga-incommon.com, MRT Lavender oder Farrer Park, eine Sitzung S$ 30, vier Sitzungen S$ 110

A walk in the park – perfekte Auszeit im Botanischen Garten.

Selamat tidur ...

... ›guten Schlaf‹ wünscht man sich auf Malaiisch, und angesichts des Komfortniveaus in vielen Unterkünften dürften schlaflose Nächte wohl eher selten vorkommen. Der allgemeine Standard ist deutlich über dem der meisten anderen Touristenziele Südostasiens und in Sachen Design und Kreativität ähnlich vielseitig wie in Europa.

Auch das Preisniveau ist eher mit Europa vergleichbar. Ein Doppelzimmer kostet in billigen Hostels mit Gemeinschaftsbädern mindestens S$ 60, in Mittelklasse-Hotels ab S$ 160. Achten Sie auf das ›Plus Plus‹: Die Preise werden fast immer netto angegeben (z. B. S$ 150++), d. h. Sie müssen 10 % Servicegebühr und 7 % Steuern addieren. An Fünf-Sterne-Hotels herrscht kein Mangel, auch bei vier und drei Sternen ist die Auswahl groß, allerdings dominieren hier charakterlose Kastenbauten. Kleine edle oder verspielt-kreative Boutiquehotels finden sich bevorzugt in den restaurierten Ladenhäusern der Altstadt. Wenn Sie auf große Zimmer, einen Pool oder sogar Fenster verzichten, werden Sie auch in Hostels mit ungewöhnlichem Design und authentischem Flair entschädigt. Besonders stylische und komfortable Herbergen für Einzelreisende zielen auf sogenannte Flashpacker, die gehobene Ansprüche an den Schlafkomfort und das Design stellen, dabei jedoch preisbewusst bleiben; allerdings kostet ein Bett im Schlafsaal (oft als ›Pod‹ oder ›Capsule‹ konzipiert) so viel, dass es bei zwei Personen günstiger ist, sich ein eigenes Zimmer zu nehmen. Klimaanlagen und WLAN sind die Regel.

Hallo Nachbar – Hostelkapseln mit Kontaktgarantie

ZENTRAL WOHNEN

Die Lage der Unterkunft ist in Singapur wichtiger als anderswo – Fußwege, die man in Mitteleuropa mühelos zurücklegt, werden in der schwülen Hitze schnell anstrengend. Taxifahrten sind zwar günstig, aber die Nähe der Unterkunft zur klimatisierten MRT erleichtert den Aufenthalt um einiges.

GÜNSTIG BUCHEN

Zusätzlich zu den bekannten Hotelbuchungs-Websites, die oftmals günstigere Angebote haben als die Hotels, finden Sie preisgünstige Zimmer und Apartments von privat auf Airbnb (www.airbnb.de) sowie in der Community der Couchsurfer (www.couchsurfing.com).

Hipper Hangout

Hangout@Mt Emily Karte 2, D 6

Das farbenfroh eingerichtete Hostel punktet mit modernem funktionalem Design und geselliger Atmosphäre. Seine Lage auf einem grünen Hügel nördlich der Orchard Road könnte kaum besser sein. Highlights sind der gemütliche Gemeinschaftsraum mit TV und die Dachterrasse mit kleinem Pool und unverbautem Blick auf die City. Praktisch sind die Münzwaschmaschinen und die Gepäckaufbewahrung.

10 A Upper Wilkie Road, T 64 38 55 88, www.hangouthotels.com, MRT Little India, DZ ab S$ 198, Bett im Schlafsaal ab S$ 72

Für Socializer

Shophouse – The Social Hostel F 6

Hier ist Anschluss garantiert – in dem geselligen Haus und seinen assoziierten Räumlichkeiten in der Nachbarschaft wohnen Sie in Schlafsälen mit Schließfächern und Etagenbetten für 8–16 Personen, davon einer nur für Frauen (das ›No Man's Land‹). Die Doppelzimmer haben ebenfalls Gemeinschaftsbäder und den gewissen Charme des Provisorischen. Für Shampoo und Ohrstöpsel ist gesorgt, eine Dachterrasse, ein Gemeinschaftsraum und ein Café runden die Sache ab.

48 Arab Street, T 62 98 87 21, www.shophousehostel.com, MRT Bugis, Bett im Schlafsaal ab S$ 18, DZ ab S$ 83

Alles coo(l)?

COO Boutique Hostel B 9

Nicht ganz so viele Zimmergenossen wie in anderen Hostels haben Sie in dieser feinen Herberge in Tiong Bahru, wo sich pro Zimmer vier bis acht Schlafkojen mit Vorhang, Leselicht und Schließfach befinden. Ein Armband dient als Zutrittskarte. Mietfahrräder sind kostenfrei, Sie können Wäsche waschen, sich im Bistro nebenan stärken und in den stilsicher mit Lichtspielen und Wanddekor akzentuierten Gemeinschaftsräumen mit anderen Travellern austauschen.

259 Outram Road, T 62 21 50 60, www.staycoo.com, MRT Outram Park, Bett im Schlafsaal ab S$ 47

Zurück in die Vergangenheit

Hotel 1929 Karte 2, C 9

Fünf alte Ladenhäuser, umgewandelt in ein Boutiquehotel im Retro-Stil mit 32 kleinen Zimmern, die individuell mit klassischen Designer-Möbeln bestückt sind. Die Gegend wirkt mit ihrer Mischung aus trendigen Hotels und Bars recht bunt. Das Restaurant serviert gute Küche, die Flure sind mit alten Schwarz-Weiß-Fotos dekoriert und das Hotel gilt als ›gay friendly‹.

50 Keong Saik Road, T 63 47 19 29, www.hotel1929.com, MRT Outram Park, EZ ab S$ 130, DZ ab S$ 141

Klein, aber fein

J8 Hotel F 5

Das Hotel liegt ruhig und doch zentral und punktet mit einem guten Preis-Leistungs-Verhältnis. Seine 98 kompakten Zimmer sind in sieben Designs gestaltet; besonders die großformatigen Bilder von Bäumen oder Blumen sorgen für einen dekorativen Effekt. Für die sorgsame Restaurierung und Umgestaltung der fünf straßenseitigen Shophouses gab es sogar einen Architekturpreis.

8 Townshend Road, T 65 71 91 11, www.j8hotel.com, MRT Lavender, EZ ab S$ 113, DZ S$ 122–167

Gemütliches Nest

Adler Hostel Karte 2, D 9

Beispielhaft für den modernen Flashpacker-Stil ist das detailverliebt und eklektisch dekorierte Hostel der Extraklasse. Die Schlafsäle verfügen über unterteilte Kabinen, hinter deren Vorhängen sich Matratzen für eine oder zwei Personen sowie Schließfächer, Regale, Steckdosen und Lampen verbergen. Ein Raum ist Frauen vorbehalten. Das Frühstück ist vergleichsweise gut und wenn Sie vor die Tür treten, sind Sie mitten in Chinatown.

265 South Bridge Road, T 62 26 01 73, www.adlerhostel.com, Einzelkabinen S$ 45–70, Doppelkabinen S$ 100

Backpacker-Hochburg

Rucksack Inn Lavender F 4

Das mit 150 Betten größte Hostel der Stadt ist in alten Ladenhäusern untergebracht und bietet neben recht beengten Zimmern vor allem Schlafsäle, die teils mit Vorhängen abtrennbar sind, darunter einer nur für Frauen. Dank der kommunikativen Atmosphäre in der Lobby und auf der Dachterrasse, der Möglichkeit zu waschen und guten Informationen von den hilfsbereiten Angestellten eine gute Wahl für preisbewusste Einzelreisende auf der Suche nach Kontakten.

280 Lavender Street, T 62 95 24 95, www.rucksackinn.com, MRT Little India, DZ mit Etagenbett und Gemeinschaftsbad S$ 75, Bett oder Kapsel im Schlafsaal S$ 19–30

Ein Klassiker

South East Asia Hotel Karte 2, E 6
Das seit 1953 etablierte Budgethotel in einer Fußgängerzone 5 Min. von der Bugis Junction entfernt bietet ein gutes Preis-Leistungs-Verhältnis für alle, die es urig statt modern mögen. Die altmodischen Zimmer sind schlicht und einfach, aber sauber und für Singapur fast schon geräumig. Im hauseigenen Restaurant wird chinesische vegetarische Küche aufgetischt.

190 Waterloo Street, T 63 38 23 94, www.seahotel.com.sg, MRT Bugis, DZ ab S$ 90

F
FENG SHUI

In Singapur wird Feng Shui sehr ernst genommen. Malls, Hotels, Bürotürme und Apartments werden nach den Prinzipien und Anweisungen eines Feng-Shui-Meisters ausgerichtet und auch die Wahl einer Grabstätte erfordert Beratung. Die komplexen Berechnungen werden mit eigens zu diesem Zweck entwickelter Software angestellt. Ziel ist es, die Dimensionen und die Positionierung aller Elemente so auszulegen, dass sie größtmöglichen Erfolg, Wohlstand und Glück gewährleisten.

In(n)teressant

The Inn Crowd Hostel Karte 2, E 5
Sechs große Schlafsäle mit jeweils acht bis zwölf Betten, zudem gibt es kleine, einfache Zimmer, in denen allerdings der Fernseher das einzige Fenster zur Welt bildet. Dazu gesellige Gemeinschaftsräume mit Filmen, Internet und Billardtisch, Dachterrasse, Küche und direkt nebenan eine Café-Bar mit leckeren Burgern und Pizza. Spaßig sind die geführten Sightseeingtouren auf Tretrollern jeden Di, Do und So.

73 Dunlop Street, T 62 96 91 69, www.the-inncrowd.com, MRT Little India, DZ S$ 59, Bett im Schlafsaal S$ 20

Licht aus, Spot an!

Wink Hostel Karte 2, D 9
Im minimalistisch mit viel Weiß gestalteten, blitzblanken Flashpacker gibt es nur Betten in gemischten oder Frauen-Schlafsälen. Bei der Konzeption der originell in kojenartigen Fächern untergebrachten Schlafkabinen wurde mitgedacht: Wenn ein Gast mit seiner Keycard die Tür öffnet, wird sein Bett dezent erleuchtet, um andere Gäste nicht durch das Zimmerlicht zu stören. Schöne Gemeinschaftsräume mit Küche, TV und Internet-PC, zudem Waschmaschinen und Gepäckaufbewahrung.

8 A Mosque Street, T 62 22 29 40, www.winkhostel.com, MRT Chinatown, Bett im Schlafsaal S$ 40, Doppelbett S$ 72

Farbenblind

Hotel Mono Karte 2, D 9
Im recht neuen, in sechs restaurierten Shophouses untergebrachten Hotel geht es zu wie in einem Schwarz-Weiß-Werbespot für Lagerfeld: Klare Linien, rechte Winkel, freie Flächen und ein absolut minimalistisches Design gehen einher mit dem komplett in Schwarz und Weiß (und ein kleines bisschen in Grau) gehaltenen Interieur und komfortabler Ausstattung. In den 46 unterkühlt-funktionalen Zimmern kommt dennoch so etwas wie Wohnlichkeit auf.

18 Mosque Street, T 63 26 04 30, www.hotelmono.com, MRT Chinatown, EZ ab S$ 132, DZ ab S$ 172

Automatenhotel
M Social Hotel B 8
Wie die Hotels der Zukunft aussehen könnten? Vielleicht so wie dieses nach den Plänen des bekannten Designers Philippe Starck. Check-in und Check-out erledigen Sie selbst. Die Zimmer sind eigenwillig konzipiert, mit Spiegeln, Glasflächen und teils spitz zulaufenden Decken. Den Room Service besorgt der kleine Roboter AURA, der selbsttätig die Flure entlangrollt und Handtücher oder Getränke bringt. Pluspunkte sind der lange Pool mit Liegen auf dem Dach, die schrille Bar mit Tablets an der Wand und Bartischen aus Fernsehbildschirmen sowie der Fitnessraum.
90 Robertson Quay, T 62 06 18 88, www.millenniumhotels.com/en/singapore/m-social-singapore, DZ ab S$ 188

Sinnlich
The Scarlet Karte 2, D 10
Ein dreistöckiges Ladenhaus im Südosten der Chinatown beherbergt 80 extravagant-fantasievoll gestaltete Zimmer im orientalischen oder Kolonialstil. Die günstigsten sind zwar gut ausgestattet, haben aber keine Fenster. Am oberen Ende der Preisskala rangieren fünf thematisch durchgestylte Suiten. Verpassen Sie nicht die romantische Dachterrasse mit der Aria Roof Bar! Drei Restaurants servieren italienische und japanische Küche.
33 Erskine Road, T 65 11 33 33, www.thescarlethotel.com, MRT Chinatown, DZ ab S$ 165

Nihao!
The Keong Saik Hotel Karte 2, C 9
Ganz traditionell chinesisch hält man es im auf drei sanierte Ladenhäuser in der Chinatown verteilten Hotel mit 25 kleinen, zweckmäßigen und durch etwas Farbe aufgehübschten Zimmern. Die preiswerten haben keine Fenster, für einen Aufpreis gibt es Fensterläden, allerdings ist das hellhörige Haus nichts für allzu empfindliche Schläfer.
69 Keong Saik Road, T 62 23 06 60, www.keongsaikhotel.com.sg, MRT Chinatown und Outram Park, EZ ab S$ 90, DZ ab S$ 100

Auch ohne Fenster nicht im Dunkeln – im Scarlet

Quadratisch, praktisch, gut!
Cube Karte 2, C 9
Die gute Lage, die blitzblanken Bäder und die komfortablen Schlafkojen (mit Steckdosen, Schließfach und Rollo) für eine oder zwei Personen machen das ›Boutique Capsule Hotel‹ mit kleiner Bar zu einer guten Ausgangsbasis für Erkundungen der Chinatown. Es sind auch Capsule-Zimmer mit mehr Privatsphäre verfügbar.
76 & 78 Smith Street, T 62 21 77 69, www.cubestay.sg, Schlafkabine S$ 64–99, Doppelkabine S$ 129–149

Zu Gast bei Freunden
Abdulkaders Homestay
Karte 3, G 3/4
Wenn Sie gern bei Einheimischen wohnen, warum nicht mal in einem muslimischen Haushalt? Der pensionierte Pilot Abdulkader und seine Frau Fatimah laden Besucher in ihr mit arabischem Touch eingerichtetes Haus gegenüber der Moschee und kümmern sich herzlich um ihre Gäste. Es gibt ein traditionelles malaiisches Frühstück wie z. B. Nasi Lemak (► S. 94) und auch die Abholung vom Flughafen kann arrangiert werden.
17 Jalan Ismail, www.homestay.com oder www.airbnb.com, MRT Eunos, DZ ab S$ 78

Ein Paradies für Gourmets

Wenn es eine Leidenschaft gibt, die alle Singapurer vereint, dann ist es das Essen. Schon der übliche Gruß »Sudah makan?« (Haben Sie schon gegessen?) oder »Had your lunch?« zeigt, welchen Stellenwert das Kulinarische in Singapur genießt. Naturgemäß sind die chinesische, indische und malaiisch-indonesische Kochkunst am häufigsten vertreten, doch im Grunde finden Sie zu fast jedem kulinarischen Winkel der Welt das passende Restaurant. Probieren Sie unbedingt die Singapur-typische Peranakan- oder Nyonya-Küche – südchinesische Kochtradition trifft hier auf malaiische Zutaten und indische Gewürze.

Gut essen muss nicht teuer sein. Selbst die auf Statussymbole fixierten Einheimischen lieben die einfachen Garküchen. Deren von grellen Neonlampen beleuchtete Plastikbestuhlung ist nicht gerade das, was wir unter Gemütlichkeit verstehen, zum Verweilen sind sie allerdings auch nicht gedacht: Man verzehrt das Essen, bezahlt die Rechnung und geht. In vielen Food Centres bekommt man für unter S$ 10 eine vollwertige Mahlzeit.

Gleichzeitig gibt es eine florierende Szene von stylischen Lokalen mit kreativer Küche und speziellem Ambiente – zwischen rustikal-provisorisch und klassisch-elegant ist alles dabei. In diesen gehobenen Restaurants kann die Rechnung durchaus das europäische Preisniveau übersteigen, besonders wenn alkoholische Getränke hinzukommen.

Was soll ich nur essen? Im und ums Lau Pa Sat gibt's handfeste Antworten.

ZUM SELBST ENTDECKEN

Mobile Garküchen wurden aus hygienischen Gründen von der Straße verbannt und in überdachten Food Centres oder Hawker Centres zusammengefasst. Die Stände gruppieren sich um nummerierte Tische und Hocker und sind auf Regionalküchen, einzelne Gerichte oder Getränke spezialisiert. Sie bestellen am Stand Ihrer Wahl, die Bestellung wird an den Tisch gebracht und sofort bezahlt. Um die Mittagszeit und zum Abend hin strömen hungrige Singapurer in das nächstgelegene Food Centre. In der Regel haben die Stände bis 20 oder 21 Uhr geöffnet. Klimatisierte Food Courts sind die optisch ansprechendere Variante und oft im Ober- oder Untergeschoss eines Einkaufszentrums angesiedelt.

SO BEGINNT EIN GUTER TAG IN SINGAPUR

Frühstück à la Singapur

Killiney Kopi Tiam C 6

Als 1919 die erste Filiale in der Killiney Road gegründet wurde, konnte niemand ahnen, dass es 90 Jahre später allein in Singapur 29 Filialen und weitere in den Nachbarländern geben würde. Hier werden Kaffee, Tee und ausgezeichneter Kaya-Toast, eine süßliche Singapurer Frühstücksvariante (▶ Glossar S. 94), serviert. Einheimische frühstücken auch gern kräftige Nudelgerichte, mittags und abends gibt es gute Currys unter S$ 10.

67 Killiney Road, T 67 34 96 48, www.killiney-kopitiam.com, MRT Somerset, Mo, Mi–Sa 6–23, Di, So 6–18 Uhr

Für Spätaufsteher

tcc (The Connoisseur Concerto) Karte 2, E 7

Die ›art boutique cafés‹ dieser Kette heben sich durch moderne Gemälde an den Wänden und kühl-minimalistisch gestylte Inneneinrichtung von der Konkurrenz ab. Hier gibt's den ganzen Tag herzhafte oder süße Frühstücksgerichte und kleine Häppchen, die nicht zu sehr ins Geld gehen. Filialen u. a. am Peranakan Place, 182 Orchard Road, am Marina Bay Sands und Clarke Quay, Block 3E, River Valley Road.

80 Middle Road, #01-92–96, Bugis Junction, T 68 37 20 27, www.theconnoisseurconcerto.com, MRT Bugis, tgl. 10–23 Uhr, S$ 16–30

Frühstück am Fluss

Toby's Estate B 8

Diese im modernen Industrial-Stil designte Filiale einer australischen Kaffeerösterei serviert nachhaltig angebauten Kaffee zu diversen Frühstücks- und Brunchoptionen. Ideal für eine Stärkung, bevor es zum Sightseeing entlang des Singapore River oder in den Fort Canning Park geht.

8 Rodyk Street, T 66 36 76 29, www.tobysestate.com.sg, MRT Clarke Quay, So–Do 7.30–18, Fr, Sa 7.30–20 Uhr, S$ 16–30

F
FRÜHSTÜCK

In Singapur unterscheidet man zwischen ›Continental Breakfast‹ (Toast, Marmelade, Saft, Kaffee oder Tee) und ›Full Breakfast‹ bzw. ›American Breakfast‹ (Spiegel- oder Rühreier, gebratener Frühstücksspeck, Hash Browns – eine Art Rösti –, Toast, Saft, Kaffee oder Tee). Die meisten großen Hotels bieten ein umfangreiches Frühstücksbuffet, das die Ausgabe von S$ 40–50 durchaus lohnt, sofern Sie den nötigen Appetit mitbringen und morgens gern ausgiebig frühstücken. Einheimische frühstücken gern herzhafte Speisen wie Nudel- und Reisgerichte oder indische Teigfladen mit Currysoße (›roti‹). Das süße Pendant hierzu ist Toast mit Kaya, einer Marmelade aus Kokosnuss, Ei und Pandanblatt-Aroma.

Breakfast for Champions

Crossroads B 5

Eine gute Adresse, um bei einem ausgiebigen Frühstück das quirlige Treiben auf der Orchard Road zu beobachten. Vom preisgünstigen Toast mit Kaya-Marmelade über Müsli und Omelette bis hin zu Blueberry Pancakes ist alles dabei. Ganz Hungrige nehmen das Buffet für S$ 42 (Kinder S$ 19).

Singapore Marriott Tang Plaza Hotel, Ecke Orchard/Scotts Road, T 68 31 46 05, www.singaporemarriott.com/restaurant/crossroads-cafe, MRT Orchard, So–Do 7–1, Fr, Sa 7–2 Uhr

Rund um die Bohne

Chye Seng Huat Hardware F 4

Ein ehemaliger Metallbauhandel beherbergt die bei Baristas und Hipstern beliebte Kaffeerösterei, die sehr guten Kaffee zubereitet und diesen auch abgepackt verkauft. Zu Futtern gibt's wechselnde Frühstücks- und Brunchkreationen, Salate, Snacks und leckere Desserts.

... und in Kunst macht das Blue Ginger auch noch. Die ist allerdings nur gelungenes Beiwerk zur traditionellen Peranakan-Küche und der gemütlichen Atmosphäre im alten Ladenhaus.

150 Tyrwhitt Road, T 62 99 43 21, www.cshhcoffee.com, MRT Farrer Park, Di–Fr 9–19, Sa, So 9–22 Uhr, Hauptgerichte S$ 17–24

WO ESSEN AUF NACHHALTIGKEIT TRIFFT

Gesund und günstig

Ci Yan Organic Vegetarian Health Food Karte 2, D 9

Mitten in Chinatown serviert der kleine Familienbetrieb gesunde vegetarische Gerichte aus biologisch angebauten Zutaten. Jeden Tag werden vier bis sechs chinesische Speisen angeboten, Basis ist meist ein Brown Rice Set mit fermentierten Sojabohnen (Tempeh), Bohnen und Bittergurke.

8 Smith Street, T 62 25 90 26, MRT Chinatown, tgl. 12–21.30 Uhr, Gerichte S$ 6–8

Vegetarisch mit sozialem Anspruch

Annalakshmi Karte 2, C 8

Das schön eingerichtete Restaurant serviert vegetarische Gerichte aus allen Regionen Indiens, aber keinen Alkohol. Für das Essen spenden Gäste, was sie für angebracht halten. Mit den Einnahmen werden soziale Projekte finanziert. Weitere Filiale: Annalakshmi Janatha, 104 Amoy Street.

20 Havelock Road, #01-04, Central Square, T 63 39 99 93, www.annalakshmi.info, MRT Clarke Quay, Mo 11–15, Di–So auch 18.30–21.30 Uhr

No meat, please!

Whole Earth Vegetarian Restaurant Karte 2, D 10

Im zweckmäßig gestalteten Restaurant kommen sehr geschmackvolle, teils etwas thailändisch beeinflusste Peranakan-Gerichte auf den Teller. Das Rendang ist auch ohne Fleisch ein Gedicht!

76 Peck Seah Street, T 62 21 65 83, www.wholeearth.com.sg, MRT Tanjong Pagar, tgl. 11.30–15, 17.30–22 Uhr, Gerichte unter S$ 20

Indischer Klassiker

Komala Vilas Karte 2, E 5

Im alteingesessenen südindisch-vegetarischen Restaurant werden Currygerichte auf Bananenblättern serviert. Tun Sie es den anderen Gästen gleich und verzehren Sie Ihr Essen doch mal mit der (rechten) Hand! An der Kasse werden auch Snacks, salziges Knabbergebäck (Murukku) und Süßigkeiten verkauft.

76–78 Serangoon Road und 12–14 Buffalo Road, T 62 93 69 80, www.komalavilas.com.sg, MRT Little India, tgl. 9–22.30 Uhr, Hauptgerichte um S$ 10

INSTITUTIONEN UND SZENETREFFS

Authentische Hainan-Küche
Chin-Chin Eating House
Karte 2, F 7

Das seit 1934 existierende kleine Lokal in Familienbesitz ist gut und preisgünstig. Empfehlenswert sind der Chicken Rice, das Roast Pork und das Claypot Mutton, zarter Hammel im Tontopf mit Karotten, Lauch und chinesischen Pilzen in dunkler Soße.

19 Purvis Street, T 63 37 46 40, MRT Bugis, tgl. 11–21 Uhr, S$ 5–15

Lecker Laksa
The Dragon Tree Katong Laksa
Karte 2, E 6

Der für Singapur und Malaysia typische Nudeleintopf Laksa kennt zahlreiche Variationen und die aus dem gleichnamigen Viertel (► S. 74) stammende Katong Laksa ist besonders lecker und cremig. Sie müssen aber nicht nach Katong fahren, um sie zu probieren, denn dieses kleine Straßenrestaurant in der zentrumsnahen Fußgängerzone braucht sich hinter den dortigen Lokalen nicht zu verstecken.

60 Albert Street, MRT Rochor, tgl. 9–21 Uhr, S$ 3,50–5

Schnittig!
Beach Road Scissor-Cut Curry Rice F 5

Eine Warteschlange markiert dieses rustikale, in dritter Generation geführte Restaurant, das Curryreis serviert, dessen Beilagen mit einer Schere kleingeschnitten werden. Auf Plastikhockern sitzend die großen Portionen zu verspeisen, ist eine authentische Erfahrung.

Ecke Jalan Besar/Kitchener Road, T 98 26 14 64, MRT Farrer Park, tgl. 11.30–3.30 Uhr, eine Portion Reis, mit 15 Gewürzen verfeinert, S$ 0,50–1, verschiedene Zutaten aus der Auslage S$ 0,50–1,20

Futtern wie bei Muttern
Blue Ginger Restaurant
Karte 2, D 10

Ein gemütliches Restaurant in einem restaurierten Ladenhaus, dessen liebevolle Einrichtung an ein altes Kopi Tiam erinnert und das die viele Generationen alte Fusionsküche der Peranakan pflegt. Probieren Sie Assam Puteh (sauer-scharfe Suppe mit Seafood), als Hauptgericht Babi Pong Tay (gedünstete Schweineschulter in Bohnenpaste) oder das hervorragende Rendang (eine Art Rindfleischgulasch) und zum Nachtisch Chendol oder Gula Melaka (► Glossar S. 94).

97 Tanjong Pagar Road, T 62 22 39 28, www.theblueginger.com, MRT Tanjong Pagar, tgl. 12–15 und 18.30–22.30 Uhr, S$ 15–35

Lust auf Meer?
Long Beach Seafood Restaurant
Karte 3, G 4

Aus den zahlreichen Seafood-Restaurants, die sich an der East Coast aneinanderreihen, ragt dieses durch besondere Auswahl und Frische heraus. Die Spezialität ist der Black Pepper Crab (Krebs in schwarzer Pfeffersoße). Abends sollte man reservieren. Weitere

T TISCHSITTEN

Chinesisches Essen wird mit Stäbchen gegessen. Ansonsten werden in Singapur Löffel und Gabel benutzt und das Essen mit dem in der rechten Hand gehaltenen Löffel zum Mund geführt. In manchen indischen und malaiischen Restaurants isst man mit der rechten Hand. Die linke darf auf keinen Fall mit dem Essen in Berührung kommen, denn sie gilt als unreine ›Toilettenhand‹.

Ableger in der Dempsey Road, südwestlich der Singapore Botanic Gardens und in Kallang, südlich der Kreuzung von Mountbatten Road und Stadium Boulevard.

1202 East Coast Parkway, Carpark E1, East Coast Seafood Centre, #01-04, T 64 48 36 36, www.longbeachseafood.com.sg, MRT Bedok und Bus 31 bis Laguna Park, So–Fr 11–24, Sa 11–1 Uhr, ab $S 40

Eingewickelt

Guan Hoe Soon Karte 3, F 4

Seit 1953 werden im Restaurant leckere Peranakan-Spezialitäten serviert. Besonders beliebt sind das Otak-Otak, in Bananenblättern gegarte, mit Kräutern und Gewürzen bestreute Fischstückchen, und das Ayam Buah Keluak, in Mangrovennüssen gekochtes Hühnchen.

38/40 Joo Chiat Place, T 63 44 27 61, www.guanhoesoon.com, tgl. 11–15, 18–21.30 Uhr, S$ 12–32

Essen mit Köpfchen

Muthu's Curry Restaurant E 4

In dieser Gegend servieren zahlreiche südindische Restaurants Currygerichte. Eines der besten hat sich seit 1969 vom einfachen und chaotischen Curryhaus

KLEINES FOODIE-GLOSSAR

Bak Kut Teh	reichhaltige Brühe mit fettem Schweinefleisch, Kräutern und Knoblauch
Char Kway Teow	gebratene Reisnudeln mit Sojasprossen, Tofu, Schweinefleisch und Sojasoße
Chendol	geraspeltes Wassereis und Gelatineschlangen mit Kokosmilch und Palmsirup
Chicken Rice	Reis in Hühnerbrühe gegart, dazu kaltes Hühnchen mit Haut und Brühe
Curry Puff	Pasteten mit Hackfleisch-Curry-Füllung
Dim Sum	kleine gefüllte Teigbällchen, gedämpft oder gebraten
Dosai (Thosai)	dünne indische Crêpes aus Linsenmehl
Fish Head Curry	Köpfe von großen Rotbarschen mit Currytunke, bei Feinschmeckern beliebt
Gula Melaka	Sagopudding mit Kokosmilch und Palmzucker
Ice Kachang	geraspeltes Wassereis, rote Bohnen, Mais, Gelatine, Sirup und Kondensmilch
Kaya	süßer marmeladiger Aufstrich aus Kokosnuss und Ei
Kueh	kleine süße Kuchen in zahlreichen Geschmacksrichtungen
Laksa	Nudelsuppe mit Curry-Kokosmilch-Brühe und Tofu, Fleisch oder Garnelen
Nasi Lemak	in Kokosmilch gegarter Reis mit Hühnchen, Anchovis, Erdnüssen, Gurke und einem halben hart gekochten Ei
Otak Otak	würziges, leicht scharfes Fischhack, im Pandanblatt gegrillt
Popiah	gefüllte Frühlingsrolle mit süßer Soße
Rojak	Ananas, Rettich, Gurke, Sojasprossen, Tofu und Nüsse mit süß-scharfem Dressing
Sambal	scharfe Paste aus Chili, Knoblauch, Ingwer, Gelbwurz uvm.
Satay	gegrillte Fleischspieße mit Erdnusssoße

zum modernen Restaurant gewandelt. Locals schwören auf das Fish Head Curry – der Kopf des Fisches ist in Singapur eine Delikatesse.
138 Race Course Road, T 63 92 17 22, www.muthuscurry.com, MRT Farrer Park, tgl. 10.30–22.30 Uhr, die meisten Gerichte unter S$ 20

Old but gold
Yet Con Hainanese Chicken Rice & Restaurant Karte 2, F 7
Seit 1940 wird in diesem einfachen chinesischen Familienbetrieb Chicken Rice (► S. 94), Roast Pork Chop (Schweinekotelett) und sehr leckeres Steamboat serviert. Das alte Lokal ist nicht besonders sauber und wurde auf der Singapurer Reinheitsskala nur mit C eingestuft, hat aber viel Atmosphäre und ist preiswert.
25 Purvis Street, T 63 37 68 19, MRT Esplanade, tgl. 11–21.30 Uhr, S$ 8–15

Mitternachtshappen
Newton Food Centre C 4
Das Newton ist ein vergleichsweise teures Food Centre, aber die Lage an der MRT ist sehr praktisch. Hier bekommen Hungrige noch spät nachts den üblichen Rundumschlag durch die Singapurer Küche. Sehr beliebt, aber auch am teuersten ist Seafood. Lassen Sie sich nichts aufschwatzen!
Bukit Timah Road/Clemenceau Avenue, MRT Newton, tgl. 14–2 Uhr, S$ 9–21

Historische Hallen
Lau Pa Sat Karte 2, E 10
Schon allein die achteckige viktorianische Markthalle aus Gusseisen mit ihren schlanken Säulen und dem geschwungenen Dach inmitten von Wolkenkratzern lohnt einen Besuch. Die Preise der über 50 Garküchen sind etwas höher als in anderen Hawker Centres, dafür sitzt man gemütlicher. Ab 19 Uhr ist die direkt südlich angrenzende Boon Tat Street für den Verkehr gesperrt, an den Straßenständen werden Satay-Spieße gebrutzelt.
18 Raffles Quay, T 62 20 21 38, www.laupasat.biz, MRT Raffles Place, einige Stände haben 24 Stunden geöffnet

Best of Tian Tian Hainanese Chicken Rice gibt's im Maxwell Food Centre.

EXPERIMENTIERFREUDIG UND UNGEWÖHNLICH

Spicy Sumatra
Sabar Menanti II F 6
Im historischen Kampong Gelam sind nicht nur die Häuser attraktiv saniert worden, auch der stadtbekannte Essensstand hat sich zu einem hübschen, aber immer noch preisgünstigen Restaurant gewandelt. Bei der indonesischen Padang-Küche sucht man sich die rot und gelb leuchtenden Currygerichte aus und zahlt nur, was man gegessen hat, aber Vorsicht: Einige Gerichte sind echt scharf!
747 North Bridge Road, T 62 91 01 09, MRT Bugis, tgl. 6–16.30 Uhr, S$ 7–16

Kochen mit Konzept
Tippling Club Karte 2, D 10
Das angesagte, stilsicher eingerichtete Restaurant in einem alten Ladenhaus mit einsehbarer Küche und Bar serviert ausgefallene, kreative und originell angerichtete Menüs für Gourmands und alle, die ihren geschmacklichen Horizont erweitern möchten. Die Molekularküche von Starkoch Ryan Clift ist ein ganz be-

W
WASSER

Wasser können Sie in Singapur direkt aus dem Hahn trinken, denn es entspricht den Normen der Weltgesundheitsorganisation.

sonderes Erlebnis! Zudem erstklassige Cocktailkreationen. Die Mittagskarte ist etwas preisgünstiger mit zwei Gängen ab S$ 55.

38 Tanjong Pagar Road, T 64 75 22 17, www.tipplingclub.com, MRT Outram Park oder Tanjong Pagar, tgl. 18–24, Mo–Fr auch 12–15 Uhr, Menüs ab S$ 190, Cocktails S$ 22

Crossover

Ding Dong Karte 2, D 9

Die innovative Küche des mit Retropostern und knalligen Mustern dekorierten Ding Dong verleiht typisch asiatischen Gerichten und Zutaten einen modernen, kreativen Twist und schielt auch mal in Richtung Fusionsküche. Wie wär's mit Languste in thailändischer Tom Yam, Wagyu-Steak mit Mangrovennuss oder Garnelen-Tempura mit Soja-Wasabi-Schaum?

115 Amoy Street, T 65 57 01 89, www.dingdong.com.sg, MRT Telok Ayer, Mo–Sa 12–15, 18–24 Uhr, Gerichte S$ 20–40

Besser als Wolke 7

Dining on Cloud 9 Karte 3, E 5

Für besondere Anlässe können Sie mit der Seilbahn vom Mount Faber über HarbourFront dreimal nach Sentosa und wieder zurückschweben und dabei ein westliches Drei-Gänge-Menü genießen. Der Spaß dauert anderthalb bis zwei Stunden.

109 Mount Faber Road, Faber Peak, T 63 77 96 88, www.onefabergroup.com/dining-on-cloud-9, tgl. 18–20 Uhr, Menü für zwei Personen S$ 337 inkl. eines Glases Wein und Sekt sowie Schokolade

Dinier mit Bier!

Five Marbles Karte 2, D 6

Der Craft Beer Hype ist auch in Singapur angekommen. Das von bierkundigen Betreibern gegründete Restaurant in der Lobby eines Hotels serviert neben zwölf originellen Biersorten auch Gerichte, die mit Craft Beer verfeinert wurden, z. B. zarten Schweinebauch oder Hähnchen.

The Courtyard, Rendezvous Hotel, 9 Bras Basah Road, T 88 22 02 22, www.fivemarbles.com, MRT Dhoby Ghaut, tgl. 11–24 Uhr, Gerichte unter S$ 30

Mitten in den Riesenbäumen

SuperTree by IndoChine G 9

Im höchsten der künstlichen Bäume in der Supertree Grove der Gardens by the Bay lockt dieses etwas bunt und kitschig gestaltete Restaurant in 50 m Höhe mit spektakulären Ausblicken und gutem Essen. Sie können auf der großen Terrasse unter freiem Himmel leckere Tapas verspeisen oder im klimatisierten Inneren die für gemeinsames Essen in der Gruppe getrennt von den Beilagen servierten Gerichte (darunter viel Seafood).

18 Marina Gardens Drive, #03-01, Gardens by the Bay, T 66 94 84 89, www.indochine-group.com, MRT Bayfront, So–Do 12–15, 17–23.30, Fr, Sa 17–0.30 Uhr, Hauptgerichte ab S$ 30, Mindestverzehr S$ 94 pro Person

Für Unentschlossene

Makansutra Glutton's Bay Karte 2, F 8

Zum Andenken an vergangene Tage stehen an der Essensmeile des Esplanade-Kulturzentrums noch einige alte Garküchen-Karren und einige der Betreiber sollen Nachfahren der damaligen Straßenverkäufer sein. Die Auswahl an asiatischen Gerichten ist groß.

8 Raffles Avenue, #01-15, Esplanade Mall, T 63 36 70 25, www.makansutra.com, MRT Esplanade, Mo–Do 17–2, Fr, Sa 17–3, So 17–1 Uhr, Probiermenü mit bis zu zehn Speisen S$ 29–39

Unglaubliche Aussicht

Equinox Restaurant Karte 2, E 7

Die Aussicht ist im wahrsten Sinne des Wortes nicht zu toppen: Das Restaurant in 226 m Höhe ist so angelegt, dass man von jedem Tisch einen unverstellten Ausblick durch die hohe, vom Fußboden bis zur Decke reichende Fensterfront hat. Auch das westliche und asiatische Essen ist spitze. Dresscode: Smart Casual.

2 Stamford Road, Level 70, Swissôtel The Stamford, T 68 37 33 22, www.equinoxcomplex.com, MRT City Hall, Mittagessen Mo–Sa 12–14.30, So ab 11, High Tea 15.30–17, Abendessen 17.30–22.30 Uhr, Hauptgerichte ab S$ 69, Fensterplätze S$ 20 extra

East meets West

Lewin Terrace Karte 2, D 8

Im Südosten des Fort Canning Parks serviert das in der einstigen Hauptfeuerwache von Singapur untergebrachte gediegene Restaurant spannende Fusionsküche aus Japan und Frankreich. Kommen Sie nicht allzu ausgehungert, denn hier geht es vor allem um das Schmecken und Kosten, und wenn Sie ein 2- oder 4-Gänge-Mittagsmenü wählen, halten sich die Preise mit S$ 38/78 sogar noch im Rahmen.

21 Lewin Terrace, T 63 33 99 05, www.lewinterrace.com.sg, MRT Clarke Quay, Di–So 12–15, 18.30–23 Uhr

Fleischliche Gelüste

Huber's Bistro Karte 3, D 4

Die von der singapurisch-schweizerischen Familie Huber geführte Fleischerei beliefert auch das hauseigene Bistro mit hochwertigen Fleischwaren. Wen das kulinarische Heimweh plagt, der kann sich mit dem Bündner Teller, Berliner Curry- oder Fränkischer Rostbratwurst trösten. Alle anderen können sich den Steaks oder den erstklassigen Burgern zuwenden.

22 Dempsey Road, T 67 37 15 88, www.hubers.com.sg, Di–Fr 11–22, Sa, So 9.30–22 Uhr, S$ 15–30

Sawadee!

Ah Loy Thai F 6

Authentische Gerichte aus dem Land des Lächelns bietet dieses unprätentiöse Thai-Restaurant, für das Sie am Abend besser reservieren – oder früh erscheinen. Wie wär's mit feuriger Tom Yam, grünem Curry oder Hühnchen im Pandanblatt?

9 Tan Quee Lan Street, #01-04, T 84 88 65 28, www.fb.com/ahloythaifood, MRT Bugis, Mo–Do 12–15, 16.15–20.30, Fr–So 16.15–21 Uhr, S$ 20–40 (keine Kartenzahlung)

Unnötig, die Kellner im Equinox zu bestechen, um einen Platz am Panoramafenster zu ergattern. Die Sicht ist einfach überall phänomenal.

Ein Laden kommt selten allein …

… im einkaufsverrückten Singapur – denn meistens liegt er in mehrstöckigen Shoppingcentern und gigantischen Malls, die Hunderte von Geschäften aller Größenordnungen beherbergen. Viele bieten eine bunte Mischung, manche sind auf Designer-Labels oder Elektronik spezialisiert.

Um von den schier unglaublichen Einkaufsmöglichkeiten nicht erschlagen zu werden, hier eine Übersicht: In der **Orchard Road** (▶ S. 41) findet sich die größte Konzentration an luxuriösen Malls und Designerläden. In der Gegend von **Bras Basah/Marina** (E/F 7/8) verbindet die unterirdische Ladenpassage CityLink das Raffles City Shopping Centre mit Marina Square und der Suntec City Mall. Alle bieten ausgezeichnetes Allround-Shopping für jeden Geschmack und Geldbeutel. Im Marina Bay Sands ist ein großes Luxus-Shoppingcenter untergebracht. **Bugis Junction** (E/F 6) an der MRT Bugis ist ein Straßenzug rekonstruierter Ladenhäuser mit Glasdach und Klimaanlage. **Chinatown** (▶ S. 28) bietet große Shoppingcenter, einen Nachtmarkt rund um die Pagoda Street sowie interessante Läden in der Mosque und Club Street. **Little India** (▶ S. 46) bedeutet Stöbern in The Verge (Tekka Mall) und in der Little India Arcade, in der Serangoon Road und im Mustafa Centre, einem rund um die Uhr geöffneten Einkaufszentrum. **Holland Village** (▶ S. 11) ist ideal für entspanntes Stöbern nach Kunsthandwerk, Mitbringseln und preiswerten Textilien.

Vor dem Fest Deepavali noch schnell zum Einkaufen!

AUF DER STRASSE

Quirlige **Nachtmärkte** finden jeweils vor und während großer Feste statt, etwa das Festival Village in Little India anlässlich Deepavali (Okt.) und der Pasar Malam in Geylang zum Ramadan. Ganzjährig gibt es den Chinatown Night & Food Market und den Nachtmarkt in Bugis Village in der North Bridge Road.

ANTIQUITÄTEN

Westlich der Orchard Road verkaufen Geschäfte im **Tanglin Shopping Centre** (A 5), aber auch im **Tudor Court** und in der **Tanglin Mall** gibt es asiatische Antiquitäten, Möbel, Teppiche, Keramiken, alte Landkarten und Bücher. Sie können zudem in der Dempsey Road bei **Yesterdays Antiques and Curios,** (Karte 3, E 4, #01-05, Tanglin Warehouse, Block 13) vorbeischauen.

BÜCHER UND MUSIK

Der Größte

Kinokuniya B 6

Im größten Buchladen Südostasiens könnte man den ganzen Tag stöbern: Hier stehen über 500 000 Titel zum Verkauf, vor allem auf Englisch, aber auch auf Deutsch. Neben Sachliteratur und Belletristik auch Comics, Reiseführer und Magazine. Filialen in der Bugis Junction Mall, Jem Mall und im Liang Court.

#04-20, Ngee Ann City, Takashimaya Shopping Centre, T 67 37 50 21, www.kinokuniya.com.sg, MRT Orchard, So–Fr 10–21.30, Sa 10–22 Uhr

Von Lesern für Leser

Littered with Books Karte 2, C 10

Die lesefreudigen Mitarbeiter haben im kleinen, mit persönlicher Note kuratierten Schmökerladen ausgesuchte Werke mit handschriftlichen Anregungen versehen. Sie helfen Unentschlossenen gern dabei, die richtige Lektüre zu finden.

20 Duxton Road, T 62 20 68 24, www.fb.com/Littered-with-Books-153135064725041, MRT Tanjong Pagar, Mo–Do 12–20, Fr 12–21, Sa 11–21, So 11–20 Uhr

Bücher über Singapur

MPH Bookstores Karte 2, E 7

Die einheimische Buchhandelskette führt ein gutes Sortiment an Büchern und Bildbänden rund um Singapur und seine Nachbarländer. Eine Filiale gibt es im Einkaufszentrum Parkway Parade (MRT Eunos).

252 North Bridge Road, #B1-21, Raffles City Shopping Centre, T 63 36 42 32, www.mph.com.sg, MRT City Hall, tgl. 10–22 Uhr

Für Experten

Select Books F 1

Der Laden ist eine sehr gute Anlaufstelle für Südostasien-Interessierte, denn er bietet jede Menge englischsprachige Publikationen zu allen Bereichen, von Architektur über Geschichte bis hin zu Belletristik.

65 A Jalan Tenteram, T 62 51 37 98, www.selectbooks.com.sg, MRT Toa Payoh, Mo–Sa 9.30–18.30, So 10–16 Uhr

Schwarzes Gold

Red Point Record Warehouse
Karte 3, F 3

Aus dem guten Dutzend Plattenläden in Singapur ragt der von Ong Chai Koon, der hauptberuflich als Zimmermann arbeitet, hervor: sage und schreibe rund 70 000 (!) Schallplatten und CDs aus aller Welt hat der Sammler über viele Jahre zusammengetragen und akribisch sortiert. Es finden sich viele obskure Raritäten, besonders in der Kollektion asiatischer Popmusik der letzten 60 Jahre finden Vinyl-Liebhaber sicherlich ein nettes Souvenir.

80 Playfair Road, #06-11, Block B, Kapo Factory Building, T 63 83 39 55, www.fb.com/RedPointRecord, MRT Tai Seng, Do, Fr, So 11–19, Sa 11–20 Uhr

Druckfrisch

Thambi Magazine Store
Karte 3, D 4

Dieser in der dritten Generation familiengeführte Zeitschriftenhandel hat rund 3000 Publikationen im Angebot, auch deutschsprachige Magazine. Allein um die Vielfalt an Zeitschriften aus aller Welt zu bestaunen, lohnt es vorbeizuschauen.

211 Holland Avenue, #01-K4, Holland Road Shopping Centre, T 64 62 50 31, www.fb.com/thambimagazines, tgl. 7.30–22 Uhr

DELIKATESSEN UND LEBENSMITTEL

Picknick wie zu Hause

Cold Storage A 5

Der gut sortierte Supermarkt führt eine vielseitige Auswahl an westlichen Lebensmitteln wie Milch, Joghurt, Käse und Aufschnitt; zahlreiche Filialen, u. a. bei Takashimaya (Ngee Ann City), im China Square in der Cross Street und in der Bugis Junction Mall.

442 Orchard Road, #B1-01–11, Orchard Hotel, T 62 68 85 59, MRT Orchard, www.coldstorage.com.sg, tgl. 8–22 Uhr

Nur das Beste

Jones the Grocer Karte 3, D/E 4

Das in einem alten Lagerhaus gelegene australische Feinschmeckergeschäft mit Bäckerei und Weinkeller hat sich

»Haben wir den besten Preis rausgeholt?«

besonders dem Käse verschrieben, aber auch andere qualitativ (und preislich) hochwertige Gourmet-Produkte finden sich in den Regalen.
Block 9, #01-12, Dempsey Road, T 64 76 15 18, www.jonesthegrocer.com, tgl. 8–23 Uhr

Fast wie zu Hause
German Market Place
Karte 3, D 3
Wer es im Ausland nicht lange ohne Almette-Quark und Löwensenf aushält oder für seine Freunde oder Gastgeber in Singapur deutsch kochen möchte, der findet hier Koch- und Backzutaten, wie man sie aus den heimischen Supermärkten kennt. Das passende Fleisch holen Sie besser bei **Huber's Butchery** (www.hubers.com.sg, ► S. 97).

H
HANDELN

In kleinen Läden ohne ausgepreiste Waren oder auf Märkten können Sie nach dem ›best price‹ fragen, aber nur, wenn Sie die Ware tatsächlich kaufen wollen.

609 Bukit Timah Road, T 64 66 40 44, www.germanmarketplace.sg, MRT Tan Kah Kee, Mo–Fr 10–19, Sa 9–17.30 Uhr

Alles bio oder was?
Zenxin Organic Food Karte 3, D 4
Der auf Biolebensmittel spezialisierte Laden mit Lieferservice verkauft neben Gemüse, Obst und Kräutern (teils von der eigenen Farm in Malaysia) auch Getränke, Tee, Kaffee, Trocken- und Babynahrung von Bioherstellern.
14 Pasir Panjang, #01-25, Wholesale Centre, T 67 79 78 39, www.organicdelivery.sg, MRT Haw Par Villa, tgl. 8.30–18.30 Uhr

FLOH- UND STRASSENMÄRKTE

Touristenfalle
Bugis Street Karte 2, E/F 6
Der größte Straßenmarkt im Zentrum ködert entlang der Hauptgänge mit T-Shirts, Uhren, Handtaschen, Spielzeug und allerlei günstigen Souvenirs. Sobald Sie in die schmalen Gänge vorstoßen, können Sie noch echte Schnäppchen machen.
Zwischen Queen Street und Victoria Street, MRT Bugis, tgl. 11–22 Uhr

Klimatisierter Flohmarkt
Weekend Flea Market
Karte 2, D 9
In den unteren Stockwerken des Shoppingcenters China Square bauen sonntags bis zu 60 Händler ihre Stände auf. Hier können Sie, ohne zu schwitzen, Kunsthandwerk, Kleidung, Accessoires, Vintage-Spielzeug und Sammlerstücke erstehen.
18 Cross Street, China Square Central, Level 1 & 2, MRT Chinatown, So 11–18 Uhr

Flohzirkus
Flea Party B 5
Hier verkaufen Einheimische ihre Klamotten und Accessoires zu echten Schnäppchenpreisen – wo sonst kann man sich in Singapur für einstellige Beträge einkleiden? Die Organisatoren von Fleawhere organisieren auch andernorts Flohmärkte und geben diese auf der Website bekannt.
Orchard Road, #06-48 B, Lucky Plaza, www.fleawhere.com, MRT Orchard, tgl. 13–19 Uhr

GESCHENKE, DESIGN, KURIOSES

Parfüm individuell
Jamal Kazura Aromatics F 6
Seit 1933 werden in dem Laden nach den Wünschen der Kunden Parfüms aus allen möglichen Ingredienzen gemischt. Sie nennen Ihre Lieblingsdüfte und den Anlass, zu dem Sie das Parfüm tragen möchten, und erhalten für S$ 30–80 einen einmaligen Duft.
728 North Bridge Road, T 62 93 23 50, www.jamalkazura.com, Mo–Fr 10–19, Sa, So 10–18.30 Uhr

Fundgrube
Junkie's Corner Karte 3, D 3
In einem alten Lagerhaus verkauft der etwas kauzige Uncle Charlie ein Sammelsurium an Antiquitäten – Statuen, Möbel, Bilder, Dekoartikel, Vasen und jede Menge obskure Objekte. Die Preise sind oft irrwitzig und sollten unbedingt heruntergehandelt werden.
2 Turf Club Road, T 91 50 40 73, www.junkiecorner.com, MRT Sixth Avenue, tgl. 9–17.30 Uhr

Südostasien-Klassiker
Lim's F 8
In dem einstigen Laden Lim's Arts & Crafts haben sich Generationen von Expats mit Kleinmöbeln, Lampen und Dekoartikeln eingedeckt. Er war stets eine Fundgrube für Mitbringsel und vertreibt seine Produkte nunmehr am neuen Standort, zudem gibt's eine Filiale im Holland Road Shopping Centre und einen Online-Versand.
#02-23/24 und #02-324/325 Marina Square, 6 Raffles Boulevard, T 68 37 00 28, www.limslegacy.com, MRT City Hall oder Promenade, tgl. 10.30–22 Uhr

Kleine Sachen für alle, die noch weiterreisen wollen und schlankes Gepäck brauchen.

Schöne Souvenirs
Museum Label Karte 2, D 7
Der Shop im Nationalmuseum bietet eine große Auswahl geschmackvoller Andenken, u. a. Lesezeichen, Briefpapier, Taschen, kleine Keramikgefäße oder Schmuck. Viele sind inspiriert von den Ausstellungsstücken im Museum. Filialen im Asian Civilisations Museum (► S. 24), Indian Heritage Centre (► S. 47) und Malay Heritage Centre (► S. 53).
93 Stamford Road, National Museum, www.nhb.gov.sg/shop/about-museum-label, MRT Bras Basah, tgl. 10–18.30 Uhr

Peranakan-Produkte
Rumah Bebe Karte 3, F/G 4
Die von Bebe, einer waschechten Nyonya, geführte Boutique in Katong bietet hochwertiges Peranakan-Kunsthandwerk und Kleidung, z. B. handbestickte Schuhe und Kebayas oder traditionelle Blusen.

MADE IN SINGAPORE

Schicke Accessoires entwirft **Elaine Tan** (www.amadogudek.com), die aus industriellen Abfallprodukten, z. B. biologischen Klarharzen, hübsche Anhänger fertigt. Natürliche Materialien verwendet auch **Woon Hung** (www.woonhung.co) für ihre dezenten Halsketten. Originelle Taschen in verschiedenen Formaten produziert das Designerkollektiv **Uyii** (www.uyii.com.sg). Viele Produkte sind Unikate und in ausgewählten Shops erhältlich, die auf den Websites gelistet sind. Eine gute Auswahl an moderner Kleidung, stylischen Accessoires, niedlichen Souvenirs und innovativen Designobjekten verkaufen die Shops von **Naiise** (C 6, www.naiise.com), z. B. im Orchard Gateway, 277 Orchard Road, #02-02/24, tgl. 11–22 Uhr.

113 East Coast Road, T 62 47 87 81, www.rumahbebe.com, MRT Paya Lebar oder Eunos, Di–So 9.30–18.30 Uhr

Chinesische Medizin
Eu Yan Sang Medical Hall
Karte 2, D 9
In der ältesten und bekanntesten chinesischen Medical Hall der Stadt werden Kräuter- und Wurzelpräparate, stärkende Essenzen, Gesundheitstees und andere traditionelle Heilmittel verkauft. Sie können sich hier fachkundig beraten und in der benachbarten Klinik (www.euyansangclinic.com) behandeln lassen.
269–271 South Bridge Road, T 62 23 63 33, www.euyansang.com.sg, MRT Chinatown, Mo–Sa 9–18.30 Uhr

MODE, ACCESSOIRES

Ganz natürlich
Zhai Karte 3, E 4
Das in Singapur ansässige Label produziert zeitlose und hautfreundliche Mode für sie und ihn aus nachhaltig gewonnenem Leinen, Bambus, Eukalyptus sowie der natürlichen Funktionsfaser Tencel (Lyocell). Auch erhältlich im Isetan, 350 Orchard Road, und bei FoliAge im United Square, 101 Thomson Road.
163 Tanglin Road, #02-26, Tanglin Mall, T 62 35 74 91, www.zhai.com.sg, tgl. 10.30–20.30 Uhr

Thrift Shop
New 2U Karte 2, E 6
Einen guten Zweck verfolgt dieser kleine Laden im SCWO Building mit dem Verkauf von Secondhand-Ware. Die Einnahmen kommen über die Singapore Council of Women's Organisation Opfern häuslicher Gewalt zugute. Sie können hier auch Ihre alten Sachen abgeben.
96 Waterloo Street, T 68 37 06 11, www.scwo.org.sg, MRT Bugis, Mo–Fr 10.30–14.30 Uhr

Ausgestanzt
The General Co. G 4
In dieser Manufaktur dreht sich alles um hochwertige handgefertigte Lederwaren, z. B. Brillenetuis, Lesezeichen, Mappen oder Geldbörsen. Wer sich ein individuelles Souvenir kreieren möchte, kann an einem der Workshops für S$ 80–100 teilnehmen. Oft werden auch andere kunsthandwerkliche Kurse angeboten (► Website).
115 King George's Avenue, T 84 44 55 89, www.thegeneralco.sg, MRT Lavender, Di–Do 12–17, Fr–So 12-19 Uhr

Klasse Klunker
Lee Hwa Jewellery Karte 2, F 6
Eine seit 1970 existierende einheimische Juwelierkette mit gutem Ruf. Das Design der Schmuckstücke ist auch für den westlichen Geschmack attraktiv und die Preise sind nicht überhöht.
200 Victoria Street, #01-19, Bugis Junction, MRT Bugis, T 63 34 28 38, www.leehwajewellery.com, tgl. 11–21.30 Uhr

Der bessere Laden
The Better Store F 6
Die Ökoboutique ist ein Gemeinschaftsprojekt von Purnama Outreach,

Originell, bunt, retro – in den verspielt-kreativen Boutiquen der Stadt findet sich bestimmt das eine oder andere Mitbringsel.

das sozial- und umweltverträgliche Baumwollkleidung aus Nepal sowie Accessoires aus recycelten Reifen aus Java (Indonesien) verkauft, und Greenie Genie, das in Afrika hergestellte kunstvolle Schmuck- und Gebrauchsstücke aus recyceltem Holz und Bast anbietet.
69 A Haji Lane, www.purnamaoutreach.com/thebetterstore, MRT Bugis, Mo–Do 10.30–20.30, Fr, Sa 10.30–21, So 11–20 Uhr

Aus dem Reich der Mitte
Yue Hwa Chinese Products
Karte 2, C 9
Das große fünfstöckige Kaufhaus mitten in Chinatown verkauft alles, was irgendwie chinesisch ist: Cheongsam (die langen chinesischen Frauenkleider mit hohem Kragen und Schlitzen an den Seiten) und andere traditionelle Kleidung, Kunsthandwerk, Musikinstrumente, Porzellan, Jade- und Goldschmuck, Antiquitäten und in der Lebensmittelabteilung auch traditionelle Medizin.
70 Eu Tong Sen Street, T 65 38 42 22, www.yuehwa.com.sg, MRT Chinatown, So–Fr 11–21, Sa 11–22 Uhr

Der Berg ruft
Camper's Corner Karte 2, E 7
Für Trekking in den Naturschutzgebieten von Singapur oder den Nachbarländern können Sie sich in diesem Outdoorladen rundum ausstatten. Außer Funktionskleidung und Taschen finden vor allem Kletterer jede Menge Ausrüstung.
51 Waterloo Street, T 63 37 47 43, www.camperscorner.com.sg, MRT Bras Basah, tgl. 11–20 Uhr

G
GELD ZURÜCK

Auf die meisten Güter und Dienstleistungen wird eine Goods and Services Tax (GST) von 7 % erhoben. Falls Sie in einem Laden mit einem ›Tax Free‹-Sticker Waren im Wert von mindestens S$ 100 erwerben, lassen Sie sich neben der Quittung den Electronic Tourist Refund (eTRS) geben, den Sie am Flughafen zusammen mit Reisepass und Waren beim Zoll vorzeigen. Dann erhalten Sie beim Global Refund Counter im Duty-Free-Bereich oder am Selbstbedienungskiosk die GST zurück.

›Work hard, play hard‹

Dieses Motto wird in Singapur besonders von den Jüngeren ernst genommen. Wer behauptet, das Nachtleben sei langweilig und steril, muss schon länger nicht mehr in der Stadt gewesen sein, denn die Szene zählt zu den lebendigsten in ganz Asien. Die Grenzen zwischen Restaurant, Kneipe, Bar und Club sind fließend. Ob Pubs nach britischem Vorbild, Schankstuben im bayerischen Stil, stilles Weinlokal in einer Seitengasse, gediegene Cocktail-Bar im Luxushotel, belgische Brasserien, Mikro- und Hausbrauereien oder Tanzschuppen mit Liveband – vor allem der Begriff Bar kann alles Mögliche bedeuten.

Beliebte Vergnügungsviertel sind die **Kais** am **Singapore River** (🕮 B–E 8, MRT Clarke Quay): Von Touristen werden die Restaurants am **Boat Quay** frequentiert, aber erst nachts erwacht der Amüsierstrip richtig zum Leben, wenn Angestellte des angrenzenden Financial District auf einen Drink vorbeikommen. Breiter ist das Angebot am stilvolleren **Clarke Quay** weiter flussaufwärts. Einige Kneipen, Bars und Restaurants konzentrieren sich am **Peranakan Place** (► S. 106). Auch **Holland Village** weiter westlich hat eine gute Mischung aus Cafés, Kneipen, Bars und Restaurants zu bieten.

Übrigens: Wo Leute abends draußen sitzen, gibt es keinen Dresscode. In teuren Hotels, Restaurants, Bars und angesagten Clubs dagegen tragen die Gäste gepflegte Kleidung und geschlossene Schuhe. Mit Badelatschen und in Freizeit- bzw. Sportkleidung kommt man in keinen Club!

Im abendlichen Häusermeer baden – in der Loof Bar

ALLES HAT SEINEN PREIS

Clubs erheben Eintrittspreise (›cover charge‹) von S$ 20–40, meist gibt's Gutscheine für einen bis zwei Drinks dazu. Da Alkohol hoch besteuert wird, kosten Getränke schon mal S$ 20, preiswerter sind Krüge (›jug‹) bzw. Housepours. Viele Bars locken zwischen 17 und 21 Uhr mit einer Happy Hour.

WAS LÄUFT?

Die beste Übersicht bieten das Magazin »TimeOut« (www.timeoutsingapore.com) und das kostenlose »SG Now« (http://sg.asia-city.com), das in angesagten Bars und Lokalen ausliegt. Auch Tageszeitungen listen die Highlights. Das Portal www.utopia-asia.com liefert Infos für Homosexuelle. Tickets für Konzerte und Veranstaltungen gibt es an den Verkaufsstellen von SISTIC (T 63 48 55 55, www.sistic.com.sg).

BARS UND KNEIPEN

Der Klassiker

Bar & Billiard Room/Long Bar
Karte 2, E 7

Die gediegene Long Bar mit ihrer 13 m langen Theke ist die ›Heimat‹ des Singapore Sling, der hier 1915 kreiert wurde. Es gehört zum Ritual eines Singapur-Besuchs, den berühmten Cocktail zu bestellen, Erdnüsse zu knabbern (die Schalen dürfen auf den Boden geworfen werden) und sich für einen Moment in die Kolonialzeit zurückzuversetzen.

1 Beach Road, Raffles Hotel, T 64 12 18 16, www.raffles.com/singapore/dining/long-bar, MRT City Hall, So–Do 11–0.30, Fr, Sa 11–1.30 Uhr

Beliebteste Brauerei

Brewerkz Karte 2, D 8

Die Lage mitten im angesagten Ausgehviertel ist nur einer der Gründe, warum diese Mikrobrauerei im amerikanischen Stil so beliebt ist. Auch die zwölf, teils wechselnden Biersorten sind sehr lecker. Im großen Innenraum ist es ziemlich laut, draußen sitzt es sich schön mit Blick auf Fluss und Clarke Quay. Filialen u. a. im Orchard Parade Hotel (1 Tanglin Road).

30 Merchant Road, #01-05/06, Riverside Point, T 64 38 74 38, www.brewerkz.com, MRT Clarke Quay, Mo–Do, So 12–24, Fr, Sa 12–1 Uhr

Luftig und gesellig

Loof Karte 2, E 7

Die freundliche Open-Air-Bar ist ein beliebter Treffpunkt junger Kreativer und lädt mit ihrem offenen Design zu einer Unterhaltung oder der Betrachtung der umliegenden Hochhäuser ein. Auf der Cocktailkarte stehen u. a. asiatisch angehauchte Drinks mit Tapioka, Kaya oder Jasmin.

331 North Bridge Road, #03-07, Odeon Towers, T 63 37 94 16, www.loof.com.sg, MRT City Hall, Mo–Do 17–1, Fr, Sa 17–2 Uhr

Geschüttelt oder gerührt?

Martini Bar at Mezza9 B 5

Hier finden Sie in lässig-eleganter Atmosphäre eine Auswahl von über 30

S
SINGAPORE SLING

Der klassische Cocktail aus Gin, Bénédictine, Kirschlikör, Grenadine, Triple Sec, frischem Ananassaft wurde von einem chinesischen Barmann in der Long Bar (▶ links) ersonnen und stieg bei den Damen der kolonialen Oberschicht im frühen 20. Jh. schnell zum Lieblingsgetränk auf. Der leicht klebrig-süße Drink ist allerdings nicht jedermanns Sache.

Martini-Varianten, die jedem britischen Geheimagenten gefallen dürfte.

10 Scotts Road, Grand Hyatt Hotel, T 67 38 12 34, www.singapore.grand.hyattrestaurants.com/baratmezza9, MRT Orchard, Mo, Di 16–24, Mi–Sa 16–1, So 12–24 Uhr, Happy Hour mit 50 % Rabatt auf Housepours und Cocktails Mo–Sa 16–21 Uhr

Die höchste Freiluft-Bar der Stadt

1-Altitude Karte 2, E 9

Die elegante Freiluftbar auf dem Dach eines Hochhauses (282 m) bietet die beste Rundumsicht über Marina Bay und den Financial District. Von 8.30–17.30 Uhr ist die Aussichtsplattform für S$ 25 (inkl. nichtalkoholisches Freigetränk) zugänglich. Zwei Etagen tiefer finden Sie den angesagten Club **Altimate** (▶ S. 107).

1 Raffles Place, Level 63, T 64 38 04 10, www.1-altitude.com, MRT Raffles Place, So–Di 18–2, Mi, Fr, Sa 18–4, Do 18–3 Uhr

Kartoffelkopf

Potato Head Folk Karte 2, C 9

Die Macher hinter einem der angesagtesten Clubs auf Bali stellen ihr Gespür für stimmiges Design, gute Cocktails und lockere Atmosphäre auch in Singapur unter Beweis. Das restaurierte Eckhaus von 1939 beherbergt auf den unteren beiden Etagen das Burger-Restaurant Three Buns, wo man sich stärken kann, bevor im dritten Stock bei Studio 1939 zwischen Vintage-Interieur und Rattansesseln potente Cocktailkreationen probiert werden können. Eine reduzierte Karte bietet die kleine begrünte Rooftop-Bar mit Blick auf The Pinnacle@Duxton.

36 Keong Saik Road, T 63 27 19 39, www.ptthead.com/singapore, MRT Outram Park, Di–So 11–23, Bar ab 17 Uhr

Zurücklehnen und entspannen

SaVanh Bistro + Lounge
Karte 2, D 9

So schick waren die Opiumhöhlen nicht, von denen es bis vor wenigen Jahrzehnten so einige in dieser Straße gab: schmale Räume, schummrige Beleuchtung, weiche Sofas und Betten zum Zurücklehnen. Buddhastatuen und fernöstliche Antiquitäten geben der Lounge einen edlen Touch. Während im Hintergrund Ambient-Sounds laufen, können Sie sich richtig entspannen.

47 Club Street, T 63 23 05 03, www.indochine-group.com/home/locsingapore-cssavanh.php, MRT Chinatown, Mo, Di, Do 12–1, Mi, Fr 12–3, Sa 16–2 Uhr

Englischer Pub

The Penny Black Karte 2, E 9

Neben zahlreichen englischen Biersorten bekommen Sie in diesem ›Victorian London Pub‹ mit urigem Ambiente und teils sogar aus England importiertem Interieur auch Kilkenny, Cider (Apfelwein), das in Singapur gebraute Crossroads Lager und natürlich Fish & Chips.

26/27 Boat Quay, T 65 38 23 00, www.pennyblack.com.sg, MRT Raffles Place, Mo–Do 11.30–1, Fr, Sa 11.30–2, So 11.30–24 Uhr

> ## KLEINE KNEIPENTOUR
>
> Im **Peranakan Place** (www.peranakanplace.com), einer Seitenstraße der Orchard Road (C 6, MRT Somerset), verbringen Sie ohne nennenswerten Ortswechsel einen geselligen Abend. Anfangs können Sie draußen sitzen und bei **Odd One Out** einen Happen essen, zur Happy Hour geht es ins **Ice Cold Beer** schräg gegenüber oder in die Weinbar **Emerald Hill No. 5.** Die schmale **Alley Bar** sieht mit den zahllosen von der Decke baumelnden Lampen auch spannend aus. Zum Chill-out lockt anschließend die **Acid Bar** mit exzellenter Livemusik. Alle Bars sind bis 2 Uhr, am Wochenende bis 3 Uhr geöffnet.

LIVEMUSIK

Jazzige Klänge

Blu Jaz Café F 6

In der unkonventionellen und relativ günstigen Café-Bar finden am Mi, Fr und Sa abends gute Veranstaltungen statt. Neben dem namensgebenden Jazz auch Funk, Soul und Hip-Hop sowie Livecomedy (www.thecomedyclub.asia).

11 Bali Lane, T 91 99 06 10, www.blujazcafe.net, MRT Bugis, Mo–Do 12–0.30, Fr, Sa 15–1.30 Uhr

Wo die wilden Kerle spielen

The Crazy Elephant Karte 2, D 8

Hier trifft sich die Blues- und Rock-Community und es haben sich schon Eric Burdon, Robbie Williams und andere Größen hier blicken lassen. Man rühmt sich als »the only place on Singapore's Clarke Quay that doesn't have a bullshit covercharge or dresscode«. Livemusik Di–So ab 22 Uhr, sonntags Jamsessions.

#01-03/04, 3E River Valley Road, T 63 37 78 59, www.crazyelephant.sg, MRT Clarke Quay, Mo 17–1, Di–Do, So 17–2, Fr, Sa 17–3, Happy Hour 17–21 Uhr

Ruhige Töne

Timbre@The Substation
Karte 2, D 7

Die Gartenkneipe besticht durch eine angenehme, entspannte Atmosphäre. Fast jeden Abend treten junge einheimische Bands auf, denen man im Freien sitzend lauschen kann.

45 Armenian Street, T 63 38 80 30, www.timbregroup.asia, MRT City Hall, Di–Do, So 18–1, Fr, Sa 18–2 Uhr

Publikumsmagnet

Hood Bar & Café Karte 2, E 6

Eine der beliebtesten Locations für Live-

Warten auf Musik – mit leckerem Essen lässt sich die Zeit vorm Event im Blu Jaz Café ganz gut überbrücken.

musik und jeden Abend gut besucht. Hier rotieren sieben einheimische Haus-Bands und Duos im Wochentakt – jeden Tag eine andere. Samstags stellen sich zudem Newcomer vor. Während auf der Bühne gespielt wird, lässt das Publikum es sich an Tischen bei Tapas, Wein und diversen Bieren gut gehen.

201 Victoria Street, #05-07, Bugis, T 62 21 88 46, www.hoodbarandcafe.com, MRT Bugis, Mo–Mi, So 17–1, Do–Sa 17–3 Uhr

TANZEN

Party am Clarke Quay

Attica Karte 2, D 8

Das kleine Attica ist ein beliebter Party-Treffpunkt ausländischer Nachtschwärmer, die gerne zu R&B und Hip-Hop die Hüften schwingen. Auf der anderen Seite des Innenhofes erklingen elektronische Klänge. Mittwochs haben Frauen freien Eintritt. Zur Einstimmung und für das Feierabendpublikum öffnet die ruhigere **Rose Bar** ihre Pforten am frühen Abend.

3 A River Valley Road, #01-03, Clarke Quay, T 63 33 99 73, www.attica.com.sg, MRT Clarke Quay, Level 1, Mi–Sa 22–4, Rose Bar Mi–Sa ab 18 Uhr

Glänzende Aussichten

Altimate Karte 2, E 9

Schon allein wegen der überwältigenden Aussicht aus dem 61. Stock lohnt es sich, in diesem edlen Club vorbeizuschauen und sich unter die feierlustigen jungen Locals und Expats zu mischen. Gespielt wird überwiegend House, das Ambiente und die Getränkepreise richten sich am Geschmack einer gut verdienenden Schickeria aus. Zwei Etagen höher befindet sich die assoziierte Bar **1-Altitude** (▶ S. 105).

Level 61, 1 Raffles Place, www.1-altitude.com, MRT Raffles Place, Mi 22–3, Fr, Sa 22–4 Uhr

Hausparty

Kilo Lounge Karte 2, D 10

Der gemütliche Club in einer versteckten kleinen Gasse ist ein alter Bekannter an neuem Standort und erinnert mit seiner tief hängenden Decke, den unverputzten oder beschmierten Wänden und besprühten Türen an den industriell-provisorischen Charme des New Yorker Underground. Die Atmosphäre ist locker, der Dresscode ebenfalls. Mittwochs ist Ladies Night, donnerstags wird Dancehall, Reggae, Hip-Hop und Trap gespielt und der Eintritt ist frei, sonst kostet es S$ 20.

EIN PALAST FÜR DIE KUNST

Das moderne Kultur- und Unterhaltungszentrum **Esplanade – Theatres on the Bay** (Karte 2, E/F 8, 1 Esplanade Drive, T 68 28 83 77, www.esplanade.com, MRT Esplanade) bietet viel Platz für Symphoniekonzerte, Opern, Tanz- und Theateraufführungen. Singapurer gaben dem markanten Gebäude den Spitznamen ›The Durians‹, denn seine zwei stacheligen Halbkugeldächer erinnern an die Form der übelriechenden, aber hoch geschätzten Frucht. Die extravagante Dachkonstruktion lässt Sonnenlicht in das Gebäude, spendet aber zugleich genügend Schatten, damit sich die Räume nicht zu stark aufheizen. In der großen Konzerthalle und den Theatersälen wird von europäischer Klassik bis asiatischer Post-Moderne, vom Kinderchor bis zur Metal Band eine große Bandbreite der Bühnenkultur sowie der bildenden Kunst vorgestellt. Touren durch das Gebäude: Di–Fr 9, 12.30, 14, Sa, So nur 9 Uhr für S$ 10, Kinder und Senioren S$ 8; detaillierte Touren mit einem Blick hinter die Kulissen: Mo 9.30–16.30 Uhr für S$ 30.

21 Tanjong Pagar Road, www.kilokitchen.com/lounge, Di, Mi 17.30–24, Do, Fr 17.30–3, Sa 19–4 Uhr

Strand-Feeling auf dem Hochhaus

Cé La Vi Singapore F 9

Ein eleganter Club in luftigen 200 m Höhe mit spektakulärem Blick über die Stadt. Bei entspannter Musik werden unter roten Sonnenschirmen Cocktails, eine große Weinauswahl und moderne asiatische Küche für die Reichen und Schönen serviert. In der **Club Lounge** und in der **Skybar** kann dekadent gefeiert werden.

1 Bayfront Avenue, SkyPark at Marina Bay Sands, T 65 08 21 88, http://sg.celavi.com, MRT Marina Bay, Restaurant tgl. 12–15, 18–23, Club Lounge ab 22, Skybar ab 24 Uhr, Eintritt S$ 38

Modebewusstes Feiern

f. Club Karte 2, D 8

Der Club des Fernsehsenders Fashion TV ist im verkitschten französischen Renaissancestil gehalten und veranstaltet gute Partys mit einem jungen, energiegeladenen Publikum. Getanzt wird im Ruby Room zu Hip-Hop, R&B und Popmusik und auf dem Diamond Floor zu EDM-Sounds, donnerstags ist Ladies Night.

3 B River Valley Road, The Foundry, #01-08, T 63 38 31 58, www.f-club.sg, MRT Clarke Quay oder Fort Canning, Mi–Sa 22–4 Uhr

Eine Institution

Zouk Club Karte 2, D 8

Nicht umsonst wurde der fast schon labyrinthartig aufgebaute Club mit einer Kapazität von 4000 Feiernden zum wiederholten Male vom renommierten »DJmag« zu einem der besten Clubs der Welt gekürt. Die renovierten Lagerhallen beherbergen drei Locations: Im **Zouk** legen bekannte DJs hauptsächlich elektronische Musik auf, im **Phuture** ist die Musik Hip-Hop-lastig. Zudem gibt es die **Red Tail Bar** und die elegante **Capital Lounge** für alle, die es ruhiger angehen lassen wollen.

3 C River Valley Road, The Cannery, T 67 38 29 88, www.zoukclub.com, MRT Clarke Quay, Mi 21–3, Do 21–2, Fr, Sa 21–4 Uhr

Regenbogen-Party

Tantric Bar & May Wong's Cafe Karte 2, C 10

Die Tantric Bar zählt zu den beliebtesten Schwulenclubs der Stadt. Während drinnen die Bässe wummern, kann man es sich in der **Flavours Bar** im Innenhof oder in der Lounge **May Wong's Cafe** ein Stockwerk höher gemütlich machen. Einst beschwerte sich ein Gast, die Drinks seien nicht stark genug – flugs erfand Barkeeper Cliff den Blue Spin: einen Cocktail, nachdem sich garantiert alles dreht. Weitere beliebte Treffpunkte der Szene sind der **Club Taboo** (www.taboo.sg) schräg gegenüber und die **Backstage Bar** um die Ecke.

78 Neil Road, T 64 23 92 32, www.homeofthebluespin.com, MRT Outram Park, Mo–Fr 20–3, Sa 20–4 Uhr

STADTTYPISCHES

Chinesische Oper

Chinese Opera Teahouse

Karte 2, C/D 9

Die prächtigen Kostüme und farbenfrohen Masken der Akteure werden Sie bei der chinesischen Oper in den Bann ziehen, doch der Gesang und die Hintergrundbegleitung entsprechen nicht unbedingt dem westlichen Musikgeschmack. Deshalb sollten Neulinge sich diese Kunstform erst einmal erklären lassen. Mit ›Sights and Sounds of Chinese Opera‹ erhalten Sie vom Chinese Theatre Circle eine Einführung und sehen einen Auszug aus einer chinesischen Oper mit englischen Untertiteln. Ganze Aufführungen werden u. a. auf http://operaperformance.blogspot.com angekündigt.

5 Smith Street, Reservierung unter T 63 23 48 62, www.ctcopera.com/our-tea-house/tea-house, MRT Chinatown, Fr, Sa ab 19 Uhr, inkl. chinesischem Abendessen für S$ 40, oder ab 20 Uhr ohne Essen mit Tee und Snacks für S$ 25

Indische Tänze

Singapore Indian Fine Arts Society

E 4

Wenn die Schminke aufgetragen ist, ähnelt sie einer Maske. Erfahrene Zuschauer der chinesischen Oper wissen dann sofort, ob der Darsteller einen Schurken oder einen Helden mimt.

Die SIFAS widmet sich der traditionellen Ausbildung von Tänzerinnen und Musikern in den indischen Künsten und führt zwei- bis dreimal im Monat klassische Werke oder eigene Produktionen für das Publikum auf. Manchmal finden die Aufführungen an anderen Orten statt, meist jedoch im hauseigenen Auditorium und kostenlos.

2 A Starlight Road, T 62 99 59 29, www.sifas.org und www.fb.com/sifas.org, MRT Farrer Park

FILM AB!

In Singapur gibt es in nahezu jedem Shoppingcenter ein Multiplex-Kino, das die neuesten amerikanischen und asiatischen Produktionen in der Originalfassung zeigt (www.insing.com/movies, Tickets S$ 10–20, in der komfortableren Gold Class S$ 31–55). Große Ketten sind **Cathay Cineplex** (www.cathaycineplexes.com) und **Golden Villages** (www.gv.com.sg) sowie die traditionsreichen **Shaw Theatres** (www.shaw.sg), deren **Lido** im **Shaw House** (A 5, 350 Orchard Road, MRT Orchard) bereits 1959 eröffnet wurde. In zwei modernisierten Sälen des ehemaligen Golden Theatres zeigt **The Projector** (G 6, 6001 Beach Road, #05-00 Golden Mile Tower, www.theprojector.sg, MRT Nicoll Highway, Exit A) vor allem Indie-Filme und Klassiker, die sonst in Singapur nicht zu sehen sind und ein junges Publikum anziehen. Weniger am Mainstream orientierte Filme werden zudem in der **Cinémathèque** im **National Museum** (Karte 2, D 7, www.nationalmuseum.sg/cinematheque) gezeigt. In lässiger Atmosphäre präsentiert der im 3. und 4. Stock untergebrachte **Rooftop-Bar Screening Room** (Karte 2, D 9, 12 Ann Siang Road, www.screeningroom.com.sg, MRT Telok Ayer) von Mo bis Sa jeweils zweimal pro Abend Kultfilme – kostenlos für alle, die einen Mindestverzehr von S$ 15++ erreichen.

Hin & weg

ANKUNFT

Deutsche, Schweizer und Österreicher erhalten bei der Einreise eine Aufenthaltsgenehmigung von 90 Tagen. Der Reisepass muss noch mindestens sechs Monate gültig sein. Auf der im Flieger oder an der Landesgrenze auszufüllenden Arrival Card wird eine Zieladresse in Singapur erfragt. Schwangere ab dem 6. Monat bekommen u. U. keine Aufenthaltsgenehmigung und sollten vor Reiseantritt die Botschaft von Singapur im Heimatland kontaktieren. Wer über Land einreist, muss am Grenzübergang ein bis zwei Stunden einplanen und bereits in Malaysia etwas Geld in S$ tauschen, um den Bus in Singapur zu zahlen; der nächste Geldautomat steht an der MRT-Station Kranji. Achtung: Eingeführte Tabakprodukte werden hoch verzollt, verboten ist die Einfuhr von Pornografie (alle Medien), Kaugummi, Kautabak und Knallkörpern. Schon auf den Besitz kleiner Drogenmengen stehen harte Strafen.

… mit dem Flugzeug
Flugreisende landen auf dem gut organisierten **Changi Airport** (🕮 Karte 3, H 3), etwa 17 km östlich der City. Zwischen den Terminals verkehrt der kostenlose Skytrain Shuttle Service von 5.30 bis 2.30 Uhr, danach fahren Shuttlebusse.

Transfer in die Stadt
MRT: Die klimatisierten Züge sind schnell und günstig und fahren alle paar Minuten bis 23.18 Uhr ab Changi Airport in die City, wobei meist ein Umstieg in Tanah Merah erforderlich ist. Ins Zentrum brauchen Sie eine gute halbe Stunde Fahrtzeit.

KEIN TIP

In Singapur ist es nicht üblich, Trinkgeld zu geben. Im Flughafen ist es sogar offiziell verboten!

Bus: Der Zubringerservice mit Bussen der Linie 36 und 36 A kostet in etwa gleich viel und verkehrt tgl. von 6 bis 24 Uhr, dauert aber fast doppelt so lang.
Taxi: Eine Fahrt ins Zentrum kostet etwa S$ 20–30 plus Flughafenzuschlag von S$ 5 und dauert ca. 30 Min.

… auf dem Landweg
Bahn: Shuttle-Züge fahren vom malaysischen Johor Bahru für 5 RM zum Woodlands Train Checkpoint (🕮 Karte 3) im Norden Singapurs. Wer nicht erst in Johor Bahru zusteigt, muss vorher durch die Grenzabfertigung.
Bus: Von früh bis spät fahren Busse aus Johor Bahru (Malaysia) zum Ban San Terminal (auch: Queen Street Bus Terminal, 🕮 F 6), Ecke Queen/Arab Street, so etwa der Singapore-Johor-Expressbus für 3,30 RM (1,5 Std.), der Causeway Link Bus CW2 oder der langsame SBS 170 für 2,50 RM (2,5 Std.); schneller geht es, wenn Sie an der MRT Station Kranji in die Bahn umsteigen.

INFORMATIONEN

Tourist Hotline: Mo–Fr 9–18 Uhr, T 1800 736 20 00
Singapore Visitors Centre@Orchard Road: Ecke 216 Orchard Road/Cairnhill Road, tgl. 8.30–21.30 Uhr
Singapore Visitors Centre@ION Orchard: im Erdgeschoss des ION Orchard Shopping Centre, tgl. 10–22 Uhr
Chinatown Visitor Centre@Kreta Ayer Square: 2 Banda Street, hinter dem Buddha Tooth Relic Temple, Mo–Fr 9–21 Uhr

SINGAPUR IM NETZ

Besitzer eines iPhones können sich die kostenlose App **SG Now** herunterladen.
www.yoursingapore.com: aktuelle Informationen und Tipps des staatlichen Singapore Tourism Board.

www.hungrygowhere.com: Einheimische berichten über die besten Garküchen, Essensstände, Cafés, Restaurants.
www.nparks.gov.sg: Website des staatlichen National Parks Board; Infos zu Parks, Gärten und Naturreservaten.

SINGAPORE CITY PASS

Der zwei, drei oder fünf Tage gültige Singapore City Pass, www.singaporecitypass.com, für S$ 70, S$ 90 oder S$ 160 berechtigt zur Nutzung der Hop-on-Hop-off-Busse von FunVee Bus und Ducktours, außerdem zum Eintritt zu einer Reihe von Attraktionen wie Singapore River Cruise (► S. 22), Zoo (► S. 71) oder Universal Studios (► S. 61). Ähnlich funktioniert der fünf Tage gültige Singapore Pass, www.singaporepass.com.sg, für drei oder fünf Attraktionen zu S$ 97 oder S$ 167.

REISEN MIT HANDICAP

Ein Verzeichnis der für Rollstuhlfahrer geeigneten öffentlichen Einrichtungen und Dienstleistungen gibt die **Disabled People's Association of Singapore** heraus: www.dpa.org.sg/resources/singapore-disability-websites und www.dpa.org.sg/resources/accessible-singapore-for-tourists. Wie behindertengerecht öffentliche Gebäude sind, können Sie auf www.bca.gov.sg/friendlybuilding/FindBuilding/FriendlyFeatures.aspx herausfinden.

SICHERHEIT UND NOTFÄLLE

Singapur ist eine der sichersten Städte der Welt. Selbst Taschendiebstähle kommen nur sehr selten vor. Gefährliche Stadtviertel oder Slums gibt es nicht. Sie können sich auch nachts ohne Angst überall auf der Straße bewegen.

Wichtige Notrufnummern
Polizei: T 999
Krankenwagen: T 995

Nichts wie weg hier! So ein Platzregen in Singapur ist unberechenbar und dauert mal mehr, mal weniger lang.

Kreditkartensperrung: +49 11 61 16, +49 30 40 50 40 50, www.sperr-notruf.de
Deutsche Botschaft: T 65 33 60 02, im Notfall T 98 17 04 14, www.singapur.diplo.de, Mo–Fr 8.30–12 Uhr
Österreichische Botschaft: T 63 96 63 50, singapore@advantageaustria.org, Mo–Fr 9–12 Uhr
Schweizer Botschaft: T 64 68 57 88, www.eda.amin.ch/singapore, Mo–Fr 9–12 Uhr

GESUNDHEIT

Die ärztliche und zahnärztliche Versorgung hat einen hohen Standard. Im Vergleich zu Mitteleuropa sind die Kosten niedriger. Fast alle Krankenhäuser haben eine Notaufnahme, u. a. das Singapore General Hospital, Outram Road, T 62 22 33 22, www.sgh.com.sg, MRT Outram Park, und das Raffles Hospital, 585 North Bridge Road, T 63 11 11 11, www.rafflesmedicalgroup.com, MRT Bugis. Pharmazeutische Produkte bekommen Sie außer in Apotheken auch in Drogerien, Supermärkten und Einkaufszentren.

RAUCHEN

Der Glimmstängel ist praktisch aus dem öffentlichen Leben verbannt. ›Rauchen verboten‹ gilt in öffentlichen Gebäuden und Verkehrsmitteln sowie Restaurants, Food Centres, Pubs, Bars, MRT-Stationen und Bushaltestellen. Zuwiderhandlungen werden mit Geldstrafen von bis zu S$ 1000 geahndet. Nur ein kleiner Bereich darf in Nachtlokalen als Raucherecke dienen. Auf jede (!) eingeführte Zigarette muss ein horrender Zoll entrichtet werden. Eine Packung kostet ca. S$ 14.

SCHWUL UND LESBISCH

Chinatown und Tanjong Pagar bilden die bevorzugte Spielwiese von Singapurs Schwulen und Lesben. Seit einigen Jahren lässt die Regierung Homosexuelle zwar weitgehend in Ruhe, verweigert ihnen aber die Anerkennung. Homosexuelle Handlungen zwischen Männern gelten als Straftat. Infos und Adressen unter www.utopia-asia.com, www.travelgayasia.com/destination/gay-singapore oder http://safesingapore.blogspot.de.

STADTRUNDFAHRTEN UND -SPAZIERGÄNGE

The Original Singapore Walks: T 63 25 16 31, www.journeys.com.sg, tgl. außer So und feiertags, S$ 32–58, Kinder S$ 15–30. Wer einen aufschlussreichen Blick in verschiedene Ecken Singapurs werfen möchte, ist mit diesen Touren gut beraten. Vertieft durch Anekdoten und Zahlen, erschließen sich völlig neue Perspektiven auf die Stadt. Reservierung ist meist nicht notwendig.

The Real Singapore Tours: T 62 47 73 40, www.betelboxtours.com, Di 9.30, Do und Fr 18.30 Uhr, S$ 50–80. Touren mit persönlichem Touch und kulinarischen Pausen unternimmt dieser Anbieter in Chinatown, Katong und Geylang Serai. Sie dauern zwei, vier oder sechs Stunden.

SIA Hop-on Bus: T 63 38 68 77, www.siahopon.com, Tageskarte S$ 39, Kinder S$ 29, für Teilnehmer am Programm Singapore Stopover Holiday umsonst, tgl. 8.30–18 Uhr alle 20–30 Min. Eine Rundfahrt mit dem Bus deckt alle wichtigen Viertel und Sehenswürdigkeiten im Zentrum ab, beliebiges Ein- und Aussteigen möglich. Zudem dienstags kostenlose Stadtspaziergänge in der Chinatown um 14.30 Uhr.

Singapore DUCKtours: T 63 38 68 77, www.singaporeducktours.com, stdl. 10–18 Uhr, S$ 37, Kinder S$ 27. Die witzig aufgemachte Tour führt mit einem Amphibienfahrzeug von Suntec City vorbei an den Sehenswürdigkeiten rund um die Marina Bay sowie am Kolonialviertel entlang.

Singapore River Cruise: ► S. 22

Trishaw Uncle: 🗺 Karte 2, E 6, 180 Albert Street, Albert Mall, T 63 37 29 79, www.trishawuncle.com, MRT Rochor, S$ 39/49, Kinder S$ 29/39. Wer spontan eine Fahrt mit der Rikscha unternehmen möchte, kann sich eine halbe oder Dreiviertelstunde lang durch Bugis, Little India oder am Singapore River entlang fahren lassen.

UMWELTFREUNDLICH UNTERWEGS

Das öffentliche Nahverkehrsnetz ist vorbildlich organisiert und wird von den meisten Singapurern gegenüber einem eigenen Fahrzeug bevorzugt. Ein Verzeichnis aller Bus- und Bahnlinien und -haltestellen sowie Routenplaner finden Sie auf www.smrt.com.sg und in der App MyTransport für Android und iOS. Der Fahrpreis richtet sich nach der Strecke und liegt im unteren einstelligen Bereich, beispielsweise vom Flughafen bis Chinatown (21 km) S$ 1,75. Am Schalter eines TransitLink Ticket Offices (z. B. MRT

City Hall, Changi Airport, Chinatown oder Bugis) sowie in 7-Eleven Minimärkten sind Sammelkarten erhältlich: Die auch am Automaten wiederaufladbare EZ-Link Card (www.ezlink.com.sg) kostet S$ 10 oder 12 (davon S$ 5 bzw. 7 Guthaben), gilt für die MRT und alle Busse und vergünstigt Ihren Fahrpreis deutlich. Teurere Sammelkarten wie der Singapore Tourist Pass (www.singaporetouristpassplus.com.sg) lohnen sich dagegen meist nicht.

MRT

Pünktlich, sauber und klimatisiert – die MRT (Mass Rapid Transport System) ist das beste Transportmittel für längere Strecken. Die fünf farblich unterscheidbaren Linien kreuzen die Stadt mit vielen Umsteigemöglichkeiten und Haltestellen. Im Zentrum fährt die Bahn unterirdisch, außerhalb verläuft sie auf einer Betontrasse. Die Verkehrszeit ist etwa 5–24 Uhr, Taktung mindestens alle sechs Minuten. Fahrkarten sind am Automaten und an Schaltern erhältlich und werden beim Passieren der Schranken an das Lesegerät gehalten.

Bus

SBS Transit und SMRT bedienen die Insel mit klimatisierten Bussen von etwa 5.30–24 Uhr, nach Mitternacht fahren außerdem Nachtbusse. Haltestellen sind mit einem roten Schild mit weißen Nummern markiert. Manche Busse halten nur an, wenn man sie heranwinkt. Teilen Sie dem Busfahrer beim Einsteigen mit, wo Sie hinwollen, und er nennt Ihnen den Betrag, den Sie in einen Metallkasten neben dem Fahrer werfen. Vorsicht: Wechselgeld gibt's keins. Eine EZ-Link Card (► oben) erübrigt das Kleingeld.

Taxi

Taxis dürfen in der Innenstadt nur an markierten Taxiständen Passagiere aufnehmen, außerhalb können Sie sie vom Straßenrand heranwinken. Telefonische Bestellung unter T 65 52 11 11 oder 65 55 88 88. Das Taxameter wird immer angeschaltet, ein Trinkgeld nicht erwartet. Manche Fahrer sprechen schlecht Englisch. Die Einschaltgebühr beträgt S$ 3–3,80 inkl. des ersten Kilometers, danach 22 ¢/400 m (ab 10 km alle 350 m), Wartezeit 22 ¢/45 Sekunden. Zuschläge erscheinen nicht auf dem Taxameter und betragen zur Rushhour Mo–Fr 6–9.30 und tgl. 18–24 Uhr plus 25 %, von 24–6 Uhr plus 50 %, ab Changi Airport plus S$ 5, ab Marina Bay Sands oder Resorts World Sentosa plus S$ 3, jede Fahrt aus der Innenstadt von 17–24 Uhr plus 3 S$, ab 5. Fahrgast plus S$ 2 pro weiterem Gast, zudem Zuschläge für telefonische Buchung. Sollte es Anlass zu Beschwerden geben, helfen die Land Transport Authority, T 1800 225 55 82, oder die Singapore Visitors Centres (► S. 110). Eine weitere Option sind die Privattaxis der mobilen Fahrdienstvermittlung Uber, die per App bestellt werden.

Boot

Für die 2,1 km zwischen der Esplanade an der Marina Bay und dem Robertson Quay hat der Anbieter der River Cruise während der Rush Hour eine originelle Transportvariante parat: Das River Taxi (http://rivercruise.com.sg/river-taxi) fährt Mo–Fr 8–10 und 17–19 Uhr alle zehn Minuten für S$ 5 mit Stopp am Clarke Quay und Boat Quay und kann mit der EZ-Link Card bezahlt werden.

WORTLOS KOMMUNIZIEREN

In Singapur werden gestische Gepflogenheiten für Europäer schnell zum Fettnäpfchen: Es gilt als ausgesprochen unhöflich, mit dem Finger auf eine Person zu zeigen oder jemanden mit ausgestreckter Hand zu sich zu winken. Halten Sie zum Heranwinken stattdessen die Handfläche nach unten und bewegen Sie die Finger auf und ab. Überreichen und empfangen Sie Geschenke mit beiden Händen. Wenn es sich nicht vermeiden lässt, Umstehenden dicht durchs Blickfeld zu laufen, gilt ein angedeutetes Ducken als höflich.

O-Ton Singapur

Ah Beng

Stereotyp eines chinesischen Proleten

Aiyoh!

Ausruf des Ärgers, der Frustration

ANG MOH

ein Westler, ein Weißer

Can?

Geht das? Einverstanden?

Kaypoh

jemand, der seine Nase in die Angelegenheiten anderer Leute steckt

lah

Betonendes Anhängsel: »Too expensive lah!«, »Okaylah!«

KAMPONG

Dorf, dörfliche Siedlung

Towkay

Tycoon oder einfach ein Chef

Wah!

Ausruf des Erstaunens

Check bill!

Die Rechnung, bitte.

YOU LIKE SPICY?

Wer hier Ja sagt, mag es feurig scharf.

Das Klima im Blick

Reisen bereichert und verbindet Menschen und Kulturen. Wer reist, erzeugt auch CO_2. Der Flugverkehr trägt mit bis zu 10 % zur globalen Erwärmung bei. Wer das Klima schützen will, sollte sich – wenn möglich – für eine schonendere Reiseform entscheiden oder die Projekte von atmosfair unterstützen. Flugpassagiere spenden einen kilometerabhängigen Beitrag für die von ihnen verursachten Emissionen und finanzieren damit Projekte in Entwicklungsländern, die dort den Ausstoß von Klimagasen verringern helfen (www.atmosfair.de). Auch die Mitarbeiter des DuMont Reiseverlags fliegen mit atmosfair!

Abbildungsnachweis

AWL Images, Whitchurch (GB): Faltplan, Titelbild (Trower)
Fotolia, New York (USA): S. 120/8 (Andronov)
Getty Images, München: S. 120/1 (Durand); 29 (Kenny Teo photography/seng chye teo)
iStock.com, Calgary (Kanada): S. 98 (catchlights_sg)
laif, Köln: S. 24, 54 (Azumendi); 20, 68 (Gerber); 38, 78/79 (hemis.fr/Maisant); 58, 107 (Heuer); 7, 89, 90, 92, 97, 100, 103, 104 (Le Figaro Magazine/Martin); 28, 46, 51, 74, 86, 95, 101 (Linkel); 43 (REA/Decout)
Look, München: S. 4 u., 8/9, 14/15 (age fotostock); 72 (Design Pics); 36, 61, 77, 109 (Fleisher); 4 o. (robertharding)
Mauritius Images, Mittenwald: S. 120/3 (Alamy/Agence Locevaphotos/Lairys); 120/7 (Alamy/Asia File); 59 (Alamy/Dhanapal); 67 (Alamy/Doyle); 16/17, Umschlagklappe vorn (Alamy/Zaw Wai); 12/13 (Science Faction/Steinhardt); 120/5 (United Archives)
picture-alliance, Frankfurt a. M.: S. 120/6 (EPA/Woon); 120/9 (Reuters/Su)
Schapowalow, Hamburg: S. 48 (Ausili); 71 (Cipriani); 44, 111 (Kisic); 85, Umschlagklappe hinten (Rellini); 32 (Scatà); 41, 53, 80 (R. Schmid)
Shutterstock, Amsterdam (NL): S. 120/4 (Distinctive Shots); 25 (f11photo); 35 (Guitar photographer); 83 (Lopes); 120/2 (Shyripa); 64 (Wee)
Zeichnungen auf S. 2, 11, 23, 36, 40, 56, 58, 65: Gerald Konopik, Fürstenfeldbruck
Zeichnungen auf S. 5: Antonia Selzer, Stuttgart

Kartografie

DuMont Reisekartografie, Fürstenfeldbruck

Umschlagfotos

Titelbild: Bunte Lampions in den Straßen von Chinatown
Umschlagklappe hinten: Im Infinity Pool auf der 57. Etage des Marina Bay Sands Hotels hat man eine fantastische Aussicht.

Hinweis: Autoren und Verlag haben alle Informationen mit größtmöglicher Sorgfalt geprüft. Gleichwohl sind Fehler nicht vollständig auszuschließen. Alle Angaben erfolgen ohne Gewähr. Bitte schreiben Sie uns! Über Ihre Rückmeldung zum Buch und Verbesserungsvorschläge freuen sich Autoren und Verlag:

DuMont Reiseverlag, Postfach 3151, 73751 Ostfildern,
info@dumontreise.de, www.dumontreise.de

FSC
www.fsc.org
MIX
Papier aus verantwortungsvollen Quellen
FSC® C124385

1. Auflage 2018

Autor: Mischa Loose, Mitarbeit: Moritz Jacobi
Redaktion/Lektorat: Anne Winterling
Bildredaktion: Susanne Troll
Grafisches Konzept: Eggers+Diaper, Potsdam
Printed in China

Kennen Sie die?

9 von 5 607 300 Singapurern

Jeanette Aw

Die Schauspielerin, Autorin, Regisseurin und Sängerin ist eines der bekanntesten singapurischen Gesichter in Filmen, Serien, Bühnenstücken und Fernsehshows, vielfach ausgezeichnet und regelmäßig Covergirl auf den Illustrierten.

Ngiam Tong Boon

Nicht viel ist über den chinesischen Immigranten und Barkeeper bekannt. Doch sein Ruhm als Erfinder des Singapore Sling währt ewig. Er kreierte ihn 1915 als Variation des Gin Sling an der Long Bar des Raffles Hotels.

Joseph Schooling

Vor den Olympischen Spielen in Peking posierte der Nachwuchsschwimmer 2008 noch mit seinem Idol Michael Phelps. Dann gewann er – vor Phelps – in Rio 2016 als erster Singapurer überhaupt eine Goldmedaille in 100 m Schmetterling.

Sir Stamford Raffles

Als Staatsmann schuf Raffles (1781–1826) die Basis für Verwaltungsbauten, als Wissenschaftler hinterließ er einmalige Werke. Kaum eine andere Persönlichkeit des britischen Empires hat die Entwicklung Singapurs so befeuert wie er.

Elisabeth Choy

Die als Kriegsheldin gewürdigte Choy (1910–2006) schmuggelte unter Lebensgefahr Essen, Medizin und Nachrichten zu den alliierten Gefangenen im berühmt-berüchtigten Changi Prison der Japaner.

Chan Hong Meng

Der Straßenkoch wurde durch eine Auszeichnung des Guide Michelin Singapur 2016 über Nacht zum Star. Seitdem bilden sich vor seinem Stand Hong Kong Soya Sauce Chicken Rice & Noodle noch längere Warteschlangen.

Lee Kuan Yew

Der hochverehrte Gründungsvater des modernen Singapurs (1913–2015) führte die Insel in die Unabhängigkeit und regierte das Land autokratisch von 1959 bis 1990.

George D. Coleman

Coleman (1795–1844) stand im Schatten von Raffles. Doch der junge Ire entwarf viele bis heute prägende Gebäude, etwa das Parliament House (s. Bild) oder die Armenian Church.

Halimah Yacob

Als erste Frau in der Geschichte des Landes bekleidet die Politkerin das Amt des Staatsoberhauptes. Zugleich ist sie die erste malaiische Präsidentin seit Yusof Ishak (1965–70).

FOLIO POLICIER

Chantal Pelletier

Nos derniers festins

Gallimard